아이 캔 스피크

iCanSpeak

영상대본집

초판 1쇄 인쇄 2017년 11월 15일
초판 1쇄 발행 2017년 11월 24일

지은이 강지연·유승희
펴낸이 金滇珉
펴낸곳 북로그컴퍼니
편집부 김옥자·서진영·김현영
디자인 김승은·송지애
마케팅 강동균·이예지
경영기획 김형곤

주소 서울시 마포구 월드컵북로1길 60(서교동), 5층
전화 02-738-0214
팩스 02-738-1030
등록 제2010-000174호

ISBN 979-11-87292-79-1 03680

· 잘못된 책은 구입하신 서점에서 바꿔드립니다.
· 이 도서의 국립중앙도서관 출판예정도서목록(CIP)은 서지정보유통지원시스템 홈페이지(http://seoji.nl.go.
  kr)와 국가자료공동목록시스템(http://www.nl.go.kr/kolisnet)에서 이용하실 수 있습니다.(CIP제어번호:
  CIP2017028675)

오랫동안 숨겨온 진심, 이제는

아이 캔 영상대본집

iCanSpeak

스피크

북로그컴퍼니

용
어
정
리

씬	같은 장소, 같은 시간 내에 이루어지는 일련의 행동이나 대사의 집합. 같은 시간대라도 다양한 장소를 사용할 경우나, 같은 장소라도 시간적 차이가 있을 때 씬을 나눠 구별한다.
CUT TO.	장면을 전환할 때 아무런 효과 없이 두 개의 화면을 붙이는 것을 말한다. 같은 씬 안에서 특정한 의도를 가지고 공간이나 시간의 변화 등을 나타낼 때 주로 쓰인다.
인서트 Insert	화면의 특정 동작이나 상황 등을 강조하기 위해 삽입한 화면을 말한다.
몽타주 Montage	따로따로 편집된 장면들을 짧게 끊어서 붙인 화면으로, 짧은 시간 안에 많은 양의 정보를 관객에게 전달하는 기법이다.
플래시백 Flashback	회상을 나타내는 장면. 일어나고 있는 사건의 인과를 설명할 때, 혹은 인물의 성격을 설명하기 위해 쓰인다.
트랜지션 Transition	연출자의 특정한 의도를 담아 하나의 장면에서 다른 장면으로 조화롭게 전환하는 편집 기법.
프레임인 Frame-in	등장인물 등 피사체가 화면 안으로 들어오는 것.
투숏 Two-shot	한 화면에 두 명의 인물을 담은 구도를 가리킨다.
암전	화면이 어두워지는 것을 말한다.
선행	이어지는 새로운 장면에서 나와야 할 음향이 앞선 장면의 끝부분에 미리 나오는 것을 말한다.

차
례

'위안부' 문제는 현재진행형 역사입니다. 하지만 많은 사람들이 위안부 문제가 익숙해졌다는 이유로 지겨워하곤 합니다. 왜 이 문제에 계속 관심을 가져야 하는지, 우리가 어떤 행동을 해야 하는지 영화로 보여주고 싶다는 생각을 항상 했습니다. 그래서 회사에 주기적으로 들어오는 일본군 '위안부' 피해자 소재의 시나리오들을 자세히 검토하곤 했는데, 어느 날 문득 이런 생각이 들었습니다.

'접근 방식을 조금 달리할 수 있지 않을까? 분노와 슬픔을 전제로 접근하는 게 관습이 된 '위안부' 문제에 조금 더 긍정적이고 밝고 발랄하게 다가갈 수 있지 않을까? 그러면 대중에게 더 잘 전달되고 이슈도 되지 않을까?'

처음에는 쉽고 친근하게 다가갔다가, 그 속에 깊이 숨겨진 진실을 통해 커다란 공감과 감동을 이끌어낼 수 있는 영화를 만들어보자는 마음으로 이 영화의 그림을 그리기 시작했습니다.

우선 '위안부' 피해자에 대한 접근을 달리하자고 생각했습니다. 우리가 지금까지 상상했던 '위안부' 피해자란 힘없고, 너무도 약해져 있는, 도와줘야 하는 '희생자' 이미지입니다. 하지만 실제로 수요집회에 나가서 '위안부' 피해자 할머니들을 뵈면 그분들이 너무도 씩씩하고, 주체적인 사람들이라는 것을 알 수 있습니다. 머릿속에 박힌 실체 없는 이미지 대신 그들의 실제 모습을 보여주자고 생각했습니다. 밝고 유쾌하고 건강한 '보통 할머니' 나옥분 캐릭터는 그렇게 탄생했습니다.

그리고 의미 있는 '승리의 역사'를 보여주고 싶었습니다. 이 문제를 지겨워하는 걸 넘어서서 '왜 맨날 돈 달라고 구걸하냐', '어차피 사과 못 받는다', '원하는 게 뭔지 모르겠다' 같은 악의적인 시선이 너무나 많습니다. 하지만 할머니들이 직접 목소리를 내서 승리한 역사가 있습니다. 행동하면 바뀔 수 있고, 일본의 '아임쏘리(I'm sorry)', 진심 어린 한마디를 들을 수 있습니다. 이를 위해 우리가 해야 할 행동이 무엇인지 원칙주의자 공무원 박민재를 통해 보여주고자 했습니다.

현재진행형인 무거운 역사를 코미디 영화로 만드는 것에 대한 부담감은 엄청났습니다. 소재를 상업적으로 이용하는 것처럼 보일 수 있다는 우려의 시선도 적지 않았고, 아예 말리는 분들도 정말 많았습니다. 한편 가장 현실적인 우려는 대체 투자를 어떻게 받을 거냐는 말이었습니다. 이런 '외풍'에 흔들릴 때마다 왜 이 영화를 코미디로 만들고자 하는지 그 방향성을 잃지 않고자 노력했습니다.

모두가 간절히 바라는 것, 그 기적을 보여주는 것이 영화라고 생각합니다.

아이 캔 스피크(I can speak).

말이 되어 나오지 못하고 마음으로 쥐고 있었던 옥분의 한마디가, 이 영화를 본 모두에게 기적이 되기를 희망합니다.

강지연 (영화사 '시선' 대표)

"열세 살짜리가 아흔 살이 될 때까지, 왜 안 될까요?"

"우리들은 아직까지 해방이 안 됐습니다."

할머니들의 말씀이 너무 아렸다. 그분들께 조금이나마 위로가 되는 글을 쓸 수 있길, 바라고 또 바랐다.

시나리오를 쓸 때마다 안 되는 연기로 대사가 입에 잘 붙나 읽어보곤 한다. 나옥분 여사가 엄마 산소에서 넋두리를 하는 씬이나, 어린 정심과 옥분이 서로 수놓은 손수건을 나눠 가지며 "앞으로 울고 싶은 일 있을 때는 여기다 다 닦아내고 힘내기다." 하는 대사를 읽어볼 땐 나도 모르게 눈물이 났다.

진주댁이 손만 대도 옥분이 깜짝 놀라거나, 정심이 이를 부득부득 갈아 이가 다 망가진 설정 등은 실제 일본군 '위안부' 피해자 할머니들의 인터뷰에서 착안해 만들었고, 마지막 청문회 씬 역시 할머니들의 실제 증언을 녹여냈다.

결국 이 작품은 일본군 '위안부' 피해자 할머니와 함께 쓴 작품이다.

그래서 늘 외로웠던 글 작업이 이번만큼은 이상하리만치 외롭지 않았다. 시시때때로 일본군 '위안부' 피해자 할머니들이 내게 말을 걸어왔기 때문이다. 구청과 지방자치단체 등에서 발간한 "나의 친절이 세상을 행복하게 합니다."라는 슬로건이 박힌 고객 응대 매뉴얼, 민원처리 사례집 등을 볼 때는 민재와 함께 옥분 여사의 민원에 대처하느라 분주했다.

완성된 영화엔 나오지 않았지만 옥분 여사가 그토록 많은 민원을 넣은 건 나라가 힘이 없어 그런 고초를 겪었고, 나라가 강해야 그런 일이 다시 생기지 않는다고 믿었기 때문이다. 나라가 강해지려면 사소한 것부터 바로잡아야 한다고 생각하는 나옥분 여사. 까칠하지만 사랑스럽고 당당한 나옥분 여사와 깐깐하지만 사려 깊고 아름다운 청년 박민재가 많은 분들에게 사랑을 받아 기쁘다.

꽃 같은 시절, 말로 할 수 없이 끔찍한 일을 겪으신 할머니들에게 하루속히 진정한 해방이 오기를 간절히 바라며, 좋은 작품에 참여하게 해준 〈아이 캔 스피크〉의 기획자이자 원안자인 영화사 '시선'의 강지연 대표에게 감사를 전한다.

유승희 (시나리오 작가)

2016년 말, 영화사 명필름으로부터 처음 시나리오를 건네받았던 때가 기억납니다. 한번 읽어나 보자는 심정으로 쓱 읽었는데, 페이지를 넘길수록 시나리오에 빨려드는 기분이었습니다. 옥분의 과거사가 밝혀지는 부분은 머리를 한 대 얻어맞은 것처럼 충격적이었습니다. 게다가 '위안부' 피해자인 옥분(나문희)의 캐릭터는 독특하고 생명력이 넘쳤으며, 자신의 문제를 적극적으로 극복하려는 진취적인 자세가 너무도 인상적이었습니다. 가슴 아픈 역사 문제를 다루되, 웃음과 감동을 포기하지 않은 이 시나리오를 앞에 두고 '반드시 해야겠다'는 확신이 들었습니다.

"피해자가 아니라 평범한 할머니로 기억되고 싶다."
'위안부' 피해자인 박숙이 할머니가 한 말입니다.
 이들의 아픔에 공감하고 해결책을 고민하는 첫걸음은 그들을 우리의 이웃이라고 인식하는 것이라 생각합니다. 그렇기에 이 영화의 배경은 과거의 시점이 아닌 우리가 사는 현대이며, 주인공 옥분은 주위에서 흔히 볼 수 있는 (다소 괴팍하지만) 평범한 할머니입니다. 시나리오 전반부에 코미디라는 형식을 취한 이유도 여기에 있습니다. 피해자들이 지나간 역사 속 인물이 아닌, 우리와 함께 살아가는 친근한 동네 할머니임을 보여주고자 함이었습니다.
 코미디 때문에 자칫 역사가 가볍게 보일까 많이 걱정했던 게 사실입니다. 하지만 피해자들의 진짜 이야기를 담아보자는 생각으로 확신을 가지고 밀어붙였습니다. 어떻게 하면 역사와 웃음, 감동을 조화롭게 끌고 갈 수 있을까 고민하며 시나리오를 세 번에 걸쳐 수정했습니다.

알고 있다고 생각했지만 정작 제대로 알지 못했던 문제, '위안부'

이 시나리오를 접하기 전까지 저는 '위안부'에 대해 '알지만 모르고 살았던' 사람이었습니다. 가슴 아프다고 말만 했지, 평소에는 잊고 살면서 어떤 행동도 하지 않았습니다. 부끄럽게도 이 영화를 시작하고 나서 나눔의 집에 처음 가봤습니다. 난생처음 가본 수요집회에서는 "'위안부' 피해자들의 이야기를 다룬 영화를 잘 만들어보겠습니다!"라고 말하기조차 민망해 한 마디도 하지 못하고 돌아왔습니다. 시나리오를 읽다 보면, 민재(이제훈)와 구청 직원들, 시장 사람들 모두 '위안부' 피해자들을 지켜보는 우리들의 자화상임을 알 수 있을 것입니다. 이 영화에는 그런 외면과 무지를 반성하고 앞으로 잘하겠다는 마음을 담았습니다.

최종편집본에서 삭제되긴 했지만, 민재는 7급 공무원 면접에서 이런 이야기를 합니다.

"내 일이었으면… 내 가족의 일이었으면… 그렇게 하지 않았을 겁니다!"

그동안 할머니들의 아픔을 방관하고 살았던 제가 민재의 입을 빌려 하고 싶었던 말이기도 합니다. 죄송합니다.

우리의 현재와 미래를 위해

2017년은 HR121 결의안이 채택된 지 딱 10년이 되는 해입니다. 하지만 일본은 여전히 '위안부' 문제를 외면하고 있습니다. 뻔뻔한 일본에 맞서 지금 우리를 돌아보고, 앞으로 어떤 일을 해야 하는지 다시 한 번 생각하고 또 행동해야 합니다. 이 영화가 그 계기가 되면 좋겠습니다. 전 세계 사람들 앞에서 아픈 과거를 이야기한 그녀의 용기 있는 행동을 통해 앞으로 나아가는 힘을 함께 만들어나갔으면 합니다.

김현석(영화감독)

꼭… 하고 싶은 말이 있고, 듣고 싶은 말이 있다!

온 동네를 휘저으며 무려 팔천 건에 달하는 민원을 넣어 도깨비 할매라고 불리는 옥분. 20여 년간 누구도 막을 수 없었던 그녀 앞에 원칙주의 9급 공무원 민재가 나타나면서 팽팽한 긴장감이 흐른다. 민원 접수만큼이나 열심히 공부하던 영어가 좀처럼 늘지 않아 의기소침한 옥분은 원어민 수준의 영어를 구사하는 민재를 본 후 선생님이 되어달라며 시간과 장소를 불문하고 부탁하기에 이른다. 둘만의 특별한 거래를 통해 결코 어울리지 않을 것 같았던 두 사람의 영어 수업이 시작되고, 함께하는 시간이 계속될수록 서로를 이해하고 소통하게 되면서 친구이자 가족이 되어간다. 옥분이 영어 공부에 매달리는 이유가 내내 궁금하던 민재는 어느 날, 그녀가 영어로 꼭 하고 싶은 말이 있다는 것을 알게 되는데….

"이제 더 숨을 생각도 없어."

나옥분 | 민원왕 도깨비 할매(나문희)

우리 동네의 문제는 내가 바로잡는다! 봉원시장에서 OK 수선실을 운영하며 불법 입간판부터 가로등 보수까지 명진구청에 20년 동안 접수한 민원만 무려 팔천여 건. 그런데 원칙과 절차로 똘똘 뭉친 9급 공무원 민재가 새롭게 등장하면서 20년 민원 라이프가 흔들리기 시작한다. '네가 이기나 내가 이기나 해보자!' 꽉 막힌 민재와 티격태격하는 것이 일상이 되어가던 어느 날, 우연히 그의 엄청난 영어 실력을 목격하고선 태세 급 변경! 갖은 방법을 총동원해 민재에게 자신의 선생님이 되어달라고 부탁한다. 그리고 이제, 옥분은 영어를 배워 오랫동안 꼭 하고 싶었던 말을 하기로 한다. 자신이 '위안부' 피해자임을 밝히기로 한 것. 지난 50년간 그 누구에게도 말하지 못했지만, 이젠 피하지도 숨지도 않으리라 결심한다. 그 누구도 아닌 바로 '나'를 위해. 그리고 세상에 당당히 외친다.

"Yes, I can speak."

"일은 절차에 따라 원칙대로 진행합니다."

박민재 | 원칙주의 9급 공무원(이제훈)

정시 출퇴근, 물건은 늘 제자리, 민원은 번호순! 명진구청 민원실의 칼 같은 원칙주의 9급 공무원. 그런데 어느 날 봉원동의 도깨비 할매, 구청 블랙리스트 1호 옥분이 민재의 인생에 끼어들기 시작한다. 수북이 쌓인 옥분의 민원들을 자신만의 원칙대로 처리하기로 하지만 만만치가 않다. 하다하다 영어를 가르쳐달라는 황당한 민원까지 들어온 상황! 도대체 왜인지 알고 싶지도 않고, 처리하고 싶지도 않은 이 민원 앞에 난감하기만 한데… 옥분이 오랫동안 숨겨온 진실을 알게 된 순간, 민재는 자신의 무지와 방관을 크게 반성하고 눈물 흘린다. 그리고 옥분이 미국에 건너가 영어로 증언을 하기까지 최강 조력자로서 종횡무진으로 활약한다. 그 과정에서 정말 중요한 것이 무엇인지 깨닫게 되는 민재. 옥분이 위기에 처하자, 중요한 면접 자리를 과감히 박차고 나와 옥분에게 달려간다.

양 팀장 | 도깨비 할매의 산증인(박철민)

명진구청에서 도깨비 할매 옥분을 20년간 몸소 겪은 산증인. 잘 보이고 싶은 사람 앞에서는 화려한 언변으로 아부하기 바쁘고, 기피 대상 1호인 옥분의 민원 앞에서는 아웅다웅. 하지만 그녀의 당해낼 재간이 없는 말발에 항상 지고 만다.

아영 | 4차원 공무원(정연주)

어디로 튈지 모르는 엉뚱한 매력의 소유자. 명진구청 민원실의 홍일점으로, 무뚝뚝한 민재에게 호감을 보이며 자신만의 방식으로 대시하기 시작한다.

종현 | 모태 공무원(이지훈)

뼛속까지 '공무원' 마인드의 소유자. '나만 아니면 된다' 라는 마인드로 옥분이 나타났다 하면 미꾸라지처럼 빠져나가기 바쁘다.

영재 | 민재의 동생, 옥분과 민재의 연결고리(성유빈)

박민재의 하나밖에 없는 남동생이자 옥분과 민재가 서로 마음을 나눌 수 있도록 도와주는 연결고리. 겉보기에는 반항기 어린 사춘기 고등학생 같지만, 원칙만 따지는 민재보다 어른스러운 속내를 지닌 영재의 일침이 민재의 행동에 변화를 일으킨다.

진주댁 | 동네 슈퍼 주인, OK 수선실 VIP(염혜란)

이리저리 참견하고 다녀 시장 사람들에게 미움만 산 옥분과 유일하게 자주 왕래하며, 나이 차이는 많이 나지만 허물없는 친구처럼 지낸다. 밤이면 자신의 슈퍼 평상에서 옥분과 막걸리 한 잔 기울이는 것이 삶의 낙이다.

혜정 | 족발집 사장, 옥분의 관찰대상 1호(이상희)

아픈 어머니를 모시느라 결혼도 하지 않고 혼자서 족발집을 운영 중인 억척스러운 철의 여인. 민원왕 옥분의 관찰대상 1호로 그녀와 티격태격하는 날이 부지기수이다. 설상가상으로 재개발 때문에 쫓겨날 위기에 처했다.

정심 | 옥분의 베스트 프렌드(손숙)

일본군 '위안부' 피해자. 고통뿐인 만주 위안소에서 옥분과 서로 의지하며 힘든 시절을 보냈다. 이후 세계 곳곳을 다니며 일본군 '위안부' 피해를 알리기 위해 힘써 왔지만 점점 건강은 악화되고, 기억은 가물가물해진다.

금주 | '위안부' 문제 해결을 위한 시민단체 소속 직원(김소진)

일본군 '위안부' 피해자인 정심을 도와 일본군 '위안부' 피해를 알리기 위해 노력하는 인물. 미국 하원 일본군 '위안부' 사죄 결의안 채택을 위한 증언을 앞두고 정심의 건강이 악화되자 옥분에게 도움을 요청한나.

일러두기

1. 이 대본에는 영화 편집 과정에서 삭제된 부분까지 포함되어 있습니다.
2. 일부 대사와 지문은 느낌을 살리기 위해 한글맞춤법과 다른 부분이라 해도 그 표현
   을 살렸습니다.
3. 현재 우리나라에서 널리 쓰이는 명칭은 위안부에 작은따옴표를 붙인 일본군 '위안
   부'입니다. 다만 대사의 느낌 등 여러 가지 이유에 따라 '위안부' 대신 위안부라고 쓴
   부분이 있습니다.

아이캔
iCanSpeak
스피크

대
본

1. 폐건물 / 새벽

새벽. 비가 내린다. 실루엣으로만 보이는 형체들.
좁은 통로/골목을 걸어오는 남자. 남자의 신발이 지나갈 때마다 고인 빗물이 튄다.
남자, 어느 벽 앞에 선다. 군데군데 드러난 철골. 금 간 벽 등 폐건물 느낌.
담배를 피우며 하늘을 보는 남자. 콰쾅~~ 천둥소리와 함께 번개가 친다.
이때다 싶은 남자, 커다란 둔기로 벽의 어느 부분을 내리친다.
천둥소리의 간격에 맞추어 힘껏 둔기를 내리치는 남자의 모습이 부감으로 보인다.
이는 누군가의 뷰파인더에 잡힌 앵글이고, 그 위로 카메라 셔터음 얹힌다.
건물 2층에서 내려다보는 누군가. 우비에 장갑, 마스크까지 풀 착장한 미스터리 인물.
둔기질을 멈춘 남자, 주위를 살펴본 후 유유히 빠져나간다. 이 모든 것을 지켜보던
미스터리 인물, 갑자기 고개를 휙 돌려 화면을 본다.

iCanSpeak

2. 지하철 객차 안 / 아침

화면 가득한 30대 남자(민재)의 얼굴.
잠 덜 깬 듯하지만, 눈곱 없고 머리는 단정한 모습.
민재 얼굴 20센티미터 앞의 다른 남자 승객. 서로 눈 마주치고 있는 게 어색해서
둘은 시선을 돌려보지만 만원지하철이라 시선 둘 곳도 마땅치 않다.
핸드폰 진동이 울려서, 몸 꽉 낀 상태로 문자를 확인하는 민재.
'1차에서 사라지다니 너무하자녀. 당신 송별회였는데….'
겨우 확인하고 손을 내리자마자 바로 또 핸드폰 진동. 확인하면
'새 직장 첫 출근 축하해.'

3. 명진구청 중앙 광장 / 오전

테이크아웃 커피를 마시며 구청 건물을 구경(?)하는 민재.
구청 주변은 한산하다. 공휴일인가?
갑자기 세 방향에서 동시에 수십 명의 사람들(공무원들)이 로봇처럼 걸어온다.
시계를 보면 8시 50분. 민재, 이제야 구청 안으로 들어간다.
구청 안에서 바라본 정문 쪽 앵글. 칼출근하는 공무원들의 모습.

4. 명진구청 종합민원실 / 오전

잡담을 하고 있는 민원실 공무원들에게 박카스 한 병씩을 건네는 민재.

민재
오늘 자로 종합민원실로 발령받은 박민재라고 합니다.

잘 부탁드립니다.

30대 남(종현)
이재필 후임이시구나? 첫 부임이신가?

민재
용천구에서 전근 왔습니다. 5호봉입니다, 9급.

20대 여(아영)
(시크하게 손을 내밀며)
손아영이에요. 8급 4호봉.

자기보다 어려보이는 아영의 외모를 보는 민재.

아영
대학 입학하자마자 바로 공무원 시험 준비했어요.
다른 일 하시다가 뒤늦게 공시 준비하셨죠?

자기 멋대로 논리를 전개하는 아영에게 살짝 당황하는 민재.
40대 후반 남자(양 팀장), 다가오며

양 팀장
아, 이 친구야?
(민재가 내미는 박카스를 보고는)
'한뿌리' 같은 거 사와도 될 법한데…
내가 인삼, 마 이런 것에 알레르기 있는 거 어떻게 알고…
무난하고 저렴한 박카스를… 노란 오줌 나오는 박카스!를…

양 팀장 대사 중에 카메라 이동해서 벽시계 클로즈업. 9시 정각이 되는 순간의 시계를 지나 다시 민원실 전경이 보이면, 칼같이 제자리에 착석한 공무원(!)들.
(씬 시작부터 여기까지 원 컷)

민재, 책상에 기본 세팅된 사무기기들을 자신만의 방식으로 재배열(오른손과 왼손의 동선, 시야각 등을 감안한, 커스터마이즈)하고, 백팩에서 두툼한 가죽 필통 두 개를 꺼내 적당한 위치에 놓는다. 세월이 느껴지는 가죽 필통에는 용도별 필기구들이 가득하다.
민재의 장인(?)스러운 초기화 작업을 지켜보던 아영, 시선을 돌려 민원실 입구를 보자 바로 표정이 굳는다.
아영뿐 아니라 종현 등 다른 직원들의 표정도 심상치 않다.
뒤늦게 뭔가 이상한 기운을 느낀 민재가 민원실 입구 쪽을 보면…
우비에 마스크를 한 미스터리 인물(씬 1)이 터벅터벅 걸어 들어온다.
직원들, 각자의 방식으로(전화 받는 척한다든지) 미스터리 인물의 시선을 회피한다.
50대 남(개발대표)과 대화 중이라 미처 대비를 못한 양 팀장이 미스터리와 눈이 마주쳐버린다.
양 팀장 앞에 서서 우비와 마스크를 벗자 드러나는 정체. 70대 여(옥분)다.

옥분
역시 또 비 오는 날 나타났어.

양 팀장
무슨 말씀이신지…

옥분
어제 비기 왔잖아.

양 팀장

그렇죠. 비 오는 수요일이라 빨간 장미를 사서 집에 갔어야 했는데…

옥분

몇 달 전부터 비 온 다음 날이면… 시장 상가 B동 벽에 금이 가고 바닥이 가라앉고 그랬지. 홍수가 날 정도로 비가 온 것도 아닌데 말이야. 그래서 내가 일기예보 확인해가면서 잠복해 있었지. 비 오는 날이면 어김없이 나타나는…

양 팀장

연쇄 살인범? 빨간 팬티 입은?

옥분

(주머니에서 사진을 꺼내며)
이 남자가 뭐하고 있는 거 같애?

인서트. 남자가 폐건물 벽을 바라보고 엉거주춤하게 서 있다.

양 팀장
오줌 누는 거 아닌가요?

연이어 보이는, 여기저기 옮겨 다니며 오줌 싸는(?) 사진들.

옥분
무슨 오줌을 10분 넘게 싸?

양 팀장
많이 참았나 보죠. 변강쇠는 한번 오줌을 싸면 드럼통 한 개를 채운대잖아요.
턴 것만.

옥분 비닐백에 담긴 고철을 꺼낸다. 빨갛게 부식된 철골 조각.

옥분
황산이여. 황산. 오줌을 싸는 척하면서 건물 철골에 황산을 뿌려놨다고.
금 간 벽에 정질까지 해서 일부러 골조를 끄집어내 부식시킨 거야.

양 팀장
(개발대표 눈치를 보며)
할머니… 다음에 이야기하시죠… 네?

개발대표
(증거 사진을 보더니)
하, 밤에는 셔터 내려놓으래니까… 꼭 이런 취객들이 와서 오줌 싸고…

애들 와서 본드 불고…
(정색하며)
이래서 얼른 재개발해야 되는 거잖습니까? 우범지역 되겠어요.
안전 진단 해보나마나 D등급 이상 나오기 힘들고.

옥분

너 누구야?!

개발대표

그 상가 주인이올시다!

옥분

아, 폭력배 동원해서 상가 헐값에 넘겨받고 세입자들 동의 없이
재개발하려고 별 꼼수 부리는 놈이 너였구나!
(대표의 멱살을 잡는다)

양 팀장

(옥분을 말리며)
마 대표님이 상가를 매입한 건 합법적이고, 결정적으로
아직 재개발 허가는 떨어지지도 않았어요. 저희가 잘 알아서
할 테니까…

양 팀장이 붙든 팔을 호신술 하듯 휙 뿌리치는 옥분.
종현이 다가와 옥분을 마크하는 동안, 개발대표와 함께 내빼는 양 팀장.

옥분

뭘 알아서 해? 방범등 나갔다고 신고한 지가 언젠데

그깟 등 하나 가는 것도 여태 안 해놓고선 뭘 알아서 하냐고?!

종현
(일부러 크게 놀라는 척)
네? 그게… 아직도 안 됐어요?

옥분
가뜩이나 외진 곳인데 껌껌해서 뭔 일 생기면 그땐 어쩔 거야?
하여튼 이 나라 공무원 놈들.

이때, 찰칵찰칵 소리와 함께 플래시가 터진다.
다들 쳐다보면, 민재가 멀찌감치 서서 폰으로 사진을 찍고 있다.

옥분

(민재를 보며)

지금 뭐하는 시추에이션이여? 이거 초상권 침해여!

민재

(옥분이 꺼내놓은 자료 사진도 핸드폰으로 촬영하며)

민원 관련 증거 수집, 입수 과정도 기록에 남겨야 합니다.

옥분

넌 누구여?

(민원 창구 자리에 앉는 민재를 보더니)

비실비실하던 놈 안 보인다 했더니. 새로 온 겨?

아이 캔 스피크

민재

할머니, 모든 일에는 원칙과 절차가 있습니다.
(민원 신청 서류를 옥분에게 내보이며)
방범등 관련 민원 신청서는 제출하셨나요?

옥분

뭐?!

민재

서류부터 작성해서 제출하세요. 일은 절차에 따라서
원칙대로 진행합니다.

옥분

절차? 그딴 거 생략하고 어여 나랑 같이 가. 당장 방범등 고쳐내.

옥분의 말을 씹으며 버튼을 누르는 민재. 창구 위에 〈2〉란 숫자 표시된다.

민재

2번 민원인분!

번호표를 든 40대 여자, 창구로 다가온다.

옥분

내가 먼저 왔는디? 9시 땡 하고 왔으니께.

민재

번호표 있으세요?

옥분

번호표? 나 이 구청 드나들면서 번호표 뽑아본 적 한 번도 없어.

민재

이제부턴 뽑으세요.

옥분과 민재의 기 싸움. 옥분, 민재 앞에 놓인 이름표를 본다.

옥분

주임 박민재?
(피식 웃으며)

앞으로 자주 보자!

민재

(쌩까며)

4번 민원인분!

포스 있게 돌아서는 옥분의 뒷모습 위로.

양 팀장(소리)

도깨비 할매. 봉원동에서는 모르는 사람이 없는 문제적 인물!

민재(소리)

도깨비 할매요?

5. 봉원시장 – 거리 / 오후

수첩과 볼펜을 들고 목에 카메라를 멘 옥분이 마블 히어로처럼 등장. 옥분의 포스에 일제히 긴장하는 상인들. 트집이라도 잡히지 않을까 각자의 점포들을 자체 점검하기 시작한다.

아영(소리)

동에 번쩍! 서에 번쩍! 온 동네 불법 흔적을 찾아내 신고하는 열혈시민! 하지만 우리에게는 블랙리스트 1호!

동닭집 앞에서 쪼그리고 앉은 옥분, 기름통에서 흘러나오는 기름을 찬찬히 바라보고 있다.

바닥에 번져가는 유출 기름이 가게 경계선을 넘는 순간, 카메라로 찍는다.
뒤늦게 사태를 파악한 튀김집 주인 달려오지만, 옥분은 횡하니 사라진다.

종현(소리)
그 할매가 그동안 우리 구청에 신고한 민원 건수는
자그마치 팔천 건!

민재(소리)
아니, 어떻게 팔천 건을⋯

6. 몽타주 / 20여 년간 팔천여 건의 민원 신고가 이루어진 과정

양옆에 늘어선 시장 상인들 사이를 빠르게 걸으며 수첩에 기록하는 옥분. 보도블록의 튀어나온 벽돌은 옥분이 수첩에 기록하고 지나가자 평평해지고, 고장 난 시각장애인용 신호등 알람은 제대로 작동하는 등, 이 도시의 불편한 구석들이 속속 개선된다.
봉원시장도 조금씩 변화, 있던 가게가 사라지고 없던 가게가 생기고⋯ 뭐 그런 식.
옥분의 모습은 50대부터 70대까지 변화하고, 옷차림도 계절/날씨와 상황에 따라 변한다.

양 팀장(소리)
공휴일 빼고 하루도 빠짐없이 이십 몇 년을 매일 한 건 이상씩
신고해야 가능한 수치지. 지자체 이전(의) 임명직 구청장 계실 때부터⋯
6급 23호봉인 내가 지금 자네 자리에 앉아 있을 때부터 그랬으니까.

CUT TO.

구청장실 벽에 걸린 역대 구청장 사진들이 하나씩 늘어난다. (4번 교체)
CG와 트랜지션이 결합된 빠른 편집.

CUT TO.

옥상(건물 연결다리)에서 대화 중인 민원실 4인방.
양 팀장, 종현, 아영… 그리고 민재.

양 팀장

(비장한 표정)

자네… 그 할매를 감당할 수 있겠나?

민재

원칙대로 하면 됩니다.

민재(소리)

17번 민원인분?

7. 명진구청 종합민원실 창구 / 낮

당당한 걸음으로 걸어와 17번 번호표를 민재 앞에 내미는 옥분.

민재

서류도 작성해 오셨나요?

옥분

(서류도 내밀며)

물론이지. 절차대로. 원칙대로.

기계적으로 검토한 후 접수증을 옥분에게 건넨다.

민재

접수되셨습니다.

(버튼을 누르며)

18번 민원인분?

자리를 뜨지 않은 옥분, 또 하나의 번호표를 내민다. 〈18〉이 적혀 있다.

옥분

이번에도 나여.

민재 앞에 또 다른 서류를 제출하는 옥분. 떫은 표정으로 검토하는 민재.

아영(소리)

19번 민원인분?

옆 창구의 아영에게 잽싸게 옮겨 선 옥분, 19번 번호표를 내민다.

옥분

그것도 나구먼.

황당한 아영의 시야로 보이는 옥분 손에 들린 수십 장의 번호표.

아영

할머니 혼자 그렇게 번호표 여러 장을 들고 계시면
다른 분들은 어떡해요?

민원실 대기석에 앉은 대여섯 명의 민원인들.

하지만, 대기 번호표 뽑는 기계에 표시된 대기자 수는 43이다.
보다 못한 민재.

민재

할머니 껄 제가 일괄로 맡을 테니
손 주임님이 다른 민원인들 순서대로 해주세요.
(옥분에게)
할머니 다 저한테 주세요.

민재 창구 앞에 수십 장의 서류를 내려놓는 옥분.
이때, 종현이 다가와서 민재에게

종현

박민재 씨. 구청장님 호출이라네?

민재

구청장님이요?

종현

응, 청장실로. 양 팀장님도 거기 계셔.

민재

(자리에서 일어서며)
어 그럼, 임 주임님 제 대신 이것 좀…

종현

어, 그래. 갔다 와.

하며 민재의 자리에 앉는데, 앞에 놓인 산더미 같은 서류와 그 앞에 떡하니 선 옥분의 얼굴을 보고 아차차~ 한다.

8. 명진구청 구청장실 안 / 오후

민재가 들어오자, 양 팀장이 먼저 맞는다.
상가 개발대표와 구청장이 접대용 소파에 자리하고 있다.
민재가 구청장에게 깍듯하게 인사를 한다.

구청장

용천구에서 근무했었다지? 거기 청장이 나랑 아삼육이야.

양 팀장

용천구청장이면 새나라당인데… 이념을 뛰어넘은 우정? 입니까?

구청장

나 새나라당에서 당 옮겨서 출마했잖아.

양 팀장

아… (철새!)

구청장

자네 용천구에서 꽤 유능했다더구만. 6급, 7급 몫을 하는 9급이라고.

양 팀장

원래 공무원의 꽃은 9급이죠.

구청장

(바로 본론으로)

주민 민원 때문에 재래시장 선진화사업이 미뤄지고 있어서 내가
골치가 좀 아파. 자네가 용천구에서 이쪽 일을 깔끔하게 처리한 적이
있다는 첩보를 받아서…

바로 본론으로 치고 들어오는데 당황하지 않는 민재.

민재

어제 양 팀장님이 주신 자료를 좀 훑어봤는데…
방법이 없는 건 아닙니다.
(귀 쫑긋하는 구청장)
구청 쪽에서 예림건설의 상가 재건축 중단을 요구하는
행정 명령을 내는 겁니다.

개발대표

개발 중단 명령? 말도 안 되는 소리를…

민재

말 됩니다. 행정 명령이 내려지면 예림건설은 구청을 상대로
명령에 불복하는 소송을 제기하면 됩니다.

구청장

소송?

민재

네. 건설사의 상가 매입 절차는 합법적이었고, 최근 상가건물의 안전 진단이

단기간 동안 B등급에서 D등급까지 떨어졌기 때문에 이 추세라면
구청이 행정소송에서 질 수밖에 없습니다.

민재의 말을 귀 기울여 듣는 구청장, 개발대표.

민재

그리고, 세입자들이 주장하는 임의 훼손에 대한 문제는…

개발대표

누가 오줌 싸고 간 거래니까…

양 팀장

턴 것만 한 드럼통.

민재

사실 여부를 다툴 필요 없이 구조 안전 진단 시기만 조절하면
문제 될 게 없습니다.

양 팀장

우리 구청 입장에서만 보면,
불복 소송에서 질 게 뻔한데 행정 명령을 내리는 이유는?

구청장

(양 팀장보다는 한수 위)
우리는 법의 테두리 안에서 할 수 있는 걸 다 했다?

긍정도 부정도 아닌 민재의 표정.

양 팀장

(감탄하며)

저게 바로 공무원식 해결방법 아닙니까?

면피! 책임지지 않는 것!

구청장

대표님 어떠세요?

개발대표

괜찮은 방법 같네요. 당장 행정 명령 내리시죠!!

양 팀장

이 친구가 용천구청에서 1호봉 특별승급까지 받은 재원입니다.

(민재의 어깨에 손을 올리며)

이러다가 7급 시험 봐서 시청으로 옮겨 가는 건 아니겠지?

민재

저는 지금 이 위치에 만족합니다!

구청장

젊은 친구가 겸손하기까지…

속마음을 감춘 듯한 민재의 표정.

9. 봉원시장 입구 / 낮

어둡다. 저 위 지면의 열린 맨홀로 빛이 들어온다. (간격을 두고 3개)
안전모를 쓴 설비 기사 1, 설비 기사 2, 그리고 민재, 배수로를 청소하고 있다.

기사 1

이거, 여름 되기 전에 일괄적으로 다 하게 돼 있는데,
왜 여기는 이 초봄부터 사람 귀찮게…

기사 2

이것도 도깨비 할매 민원이지?

iCanSpeak

기사 1
박 주임… 적당적당히 해. 그 할매 민원 곧이곧대로 들어주면
신나서 더 하는 양반이야.

민재
그렇다고 안 나올 수도 없잖아요.

기사 2
박 주임 걱정돼서 그렇지.

옥분(소리)
아이고 수고가 많어들.

올려다보면 맨홀 위에서 아래를 내려다보고 있는 옥분.

옥분
여기 사이다 세 병 놓고 가니께 마시고들 해.

CUT TO.
지면. 간격을 두고 뚫린 세 개의 맨홀 위로 각각 얼굴을 내밀고 사이다를 마시는
민재, 기사 1, 기사 2.
내가 이러려고 공무원 했나… 자괴감 드는 표정.

10. 봉원시장 족발집 /저녁

옥분과 30대 후반 여자(족발집 혜정)가 서로의 눈을 노려보며 대치 중이다.
사람들 틈에서 생라면 집어 먹으며 싸움 구경 중인 교복 입은 영재(남, 18).

혜정

이 할머니가 또 생사람을 잡으시네.
도대체 언제 내가 보행자들 통행을 방해했다고 이래요?

옥분

방금 전까지 상가 입구에 이따만 한 입간판 세워뒀잖아!

혜정

내가 언제요? 증거 있어요? 증거 있냐구!

옥분

(목에 건 카메라를 조작해서 보여주며)
자 봐라! 증거!

옥분이 보여주는 사진에는 족발집의 광고가 새겨진 큼직한 입간판이 찍혀 있다.

옥분

이거 엄연히 옥외 광고물 관리법 위반이야!

혜정

무슨 대단한 법 어겼나 했네.

옥분

뭣이?

혜정

할머니도 진짜 그러는 거 아니에요. 코딱지만 한 시장에서
어렵게 장사하는 사람들끼리 이러시믄 안 되죠.

옥분

자네, 입간판 때문에 감전사고 나거나, 어린애가 간판에 부딪혀서
다친 사고 뉴스도 안 봤나? 그리고 법이 있으면 지키는 게
국민의 도리지, 젊은 것들 정신상태가 이 모양이니…

혜정

(발끈해서)

뭐예요? 정신이 뭘 어째요? 그러는 할머니는!
사람들이 다 뭐라고 욕하는 줄 알아요?

옥분

(팔 걷어붙이고)

뭐라는데?! 뭐! 뭐! 씨부려봐! 씨부려보라니까?!

발끈하는 혜정. 옆에 서 있던 과일가게 정씨가 손을 잡으며 말린다.

정씨

참아. 저 할매 건드려서 좋을 거 없다니까.
(혜정 데리고 가는)

똥이 무서워서 피하냐, 더러워서 피하지.

저 주둥아리를 그냥 확!

씩씩대며 돌아선 옥분, 영재와 눈이 마주친다. 괜히 주눅 든 영재.

옥분

(영재 손에 들린 라면 봉지를 보더니)
라면은 끓여 먹으라고 있는 거다!

휙 가버리는 옥분. 옥분의 포스에 움찔한 영재.

11. 민재의 집 거실 / 저녁

실평수 15평 정도의 복층 오피스텔. 분리된 방 하나와, 계단으로 연결된 복층.
문이 열리고 영재, 들어오면, 식탁 앞에 앉은 민재가 땀을 뻘뻘 흘리며 뭔가를
먹고 있다.

민재

마침 잘 왔다. 얼른 이거 먹어라.

민재 앞에 놓인 전골냄비 가득한 만둣국? 전골? 물보다 만두가 더 많다.

영재

뭐 만두를 이렇게 많이 넣었어? 만둣국이야? 물만두야?

민재

냉동만두 택배 온 거 네가 냉동실에 안 넣어둬서 다 녹아버렸잖아.

죄책감(?)에 수저를 드는 영재. 욕실에서 양치질을 하며 영재를 바라보던 민재.

민재

모의고사 성적 나오지 않았냐?

영재

응, 나왔어.

민재

근데, 왜 안 보여줘?

영재

봐서 뭐 달라질 게 있어?

민재

내일 아침까지 식탁 위에 올려놔.
너 학원 때문에 이 동네로 이사까지 왔다!

영재

학원 때문이라면 대치동이나 목동으로 가야지.
자기 직장 옮겨서 그런 거면서…

방으로 들어가버리는 영재.

12. 시내 커피숍 / 낮

깔끔하게 차려입은 옥분, 거울을 꺼내 머리를 한 번 매만진다.
창밖을 바라보며 씩 웃는 옥분. 정심(옥분의 친구)이 옥분을 보며 요란하게 손을
흔들어댄다. 젊고 세련된 차림의 정심.

CUT TO.
정심이 투박한 발음으로 나름 유창하게 영어로 전화 통화 중이다.
흐뭇한 표정으로 정심을 바라보고 있는 옥분. 부럽기도 하다.
전화 통화가 길어져 미안하다고 눈짓하는 정심에게 괜찮다고 제스처 하는 옥분.
마침내 정심의 긴 통화가 끝난다.

정심
미안 미안. 일이 있어서.

옥분

어째 점점 더 잘한다, 너는. 영어. 부럽다, 야아…

정심

매일 공부하니까.
(차 한 모금 마시고)
요즘 손님은 좀 많은가?

옥분

수선집 손님이 많아봤자지, 뭐. 눈이 침침해서 바늘 꿰는 데
시간이 솔찬히 걸리네.

정심

그러니까 더 나이 들기 전에 나랑 여행도 가고, 미국도 가고, 응?
엔조이 유어 라이프!

옥분

여행은 무슨… 내가 니 수작 모를 거 같아?

정심

가시내… 눈치는 빨라가지고.

옥분

난 지금이 좋다. 그냥 이렇게 조용히 사는 게.
지금처럼 가끔 얘기나 들려줘.

아이 캔 스피크

정심

… 근데 수선집에 손님은 많고?

옥분

오메, 뭘 같은 말을 자꾸 물어싸. 그냥 그렇다니까.

정심

(벨소리가 울리자)

아, 잠깐만.

정심, 핸드백에서 핸드폰과 물건들을 꺼내놓고는 계속 뭔가를 찾으려고 한다.
울리는 핸드폰은 받지를 않고, 자꾸 찾으려고 한다.

옥분

오늘 왜 그런다냐?

(핸드폰을 쥐어주며)

정심

아하하, 내 정신 좀 봐.

(핸드폰을 받으며)

어 금주 선생. 그래 나 여기 사거리 까페야. 응 그래.

(전화를 끊으며)

옥분아.

(진지한 눈빛)

옥분

응, 얘기혀.

정심

곗돈이 드는 것도 아니고, 정기적으로 한 번씩 만나면 좀 좋아.

옥분

(단호하게)

그런 말 할 거면, 그만혀.

정심

금주 선생도 너 꼭 한 번 만나고 싶대. 그냥 한 번 만나나 봐.
바로 어쩌자는 거 아니야.
(손수건으로 입가를 닦으며)
같이 가자. 응?

옥분

(깊은 숨을 내쉬며 정심의 손을 부여잡는다)

정심아. 그냥 너랑 내랑 이렇게 가끔 커피나 마시고
얼굴 이래 보면 됐어. 그만해, 인자.

정심, 더 말하지 못한다. 서로 말없이 바라보는 두 사람.

CUT TO.

창밖으로 보이는, 승용차에서 나와 정심을 맞는 30대 여자(금주).
옥분, 테이블에 정심이 두고 간 손수건을 발견한다, 가장자리 실밥이 뜯어져 있다.
손수건을 들고 정심 쪽을 바라보는데, 금주가 옥분 쪽을 바라보자 이내 시선을 돌려버린다.

13. 봉원시장 옥분의 작업실 / 밤

단추가 두어 개 풀린 긴팔 셔츠를 입은 옥분, 재봉틀로 수선 작업 중이다.
손수건의 해진 부분을 깔끔하게 박음질하는데, 장인(匠人)의 포스 풍긴다.
선반에 색깔별로 깔끔하게 정리된 실타래 옆으로… 영어 교재들이 꽂혀 있다.
옥분, 잠시 재봉질을 멈추고, 벽 선반에 놓인 TV를 올려다본다.
TV에선 "세계 도시 기행"이 재방송 중이다. 화면엔 미국 LA 풍경.

옥분

저기가 엘에이구만. 참~말로 좋네, 좋아.

가게 문이 슬며시 열리고, 얼굴에 V라인 밴드를 한 진주댁(40대 후반) 들어선다.
TV 속 흑인이 '헤이~왔썹~!' 하며 인사를 건네는 장면을 본 옥분.

옥분

(TV를 보며)

왓… 썹…?

진주댁

(V라인 밴드 때문에 입 벌리지 못한 채)

예. 저, 왔써예.

옥분

왓-썹…

옥분의 뒤에서 슬금슬금 다가가, 옥분의 어깨에 손을 얹는 진주댁.
TV에 정신 팔려 있던 옥분, 소스라치게 놀라 진주댁의 손을 거머리 치듯 떼어낸다.

아이 캔 스피크

옥분

뭐하는 짓이야!

(급히 셔츠 단추 잠그며)

진주댁

아우, 깜짝이야! 아, 뭐가요?

V라인 밴드 한 진주댁의 얼굴에 한 번 더 화들짝 놀라는 옥분.

옥분

갑자기 나타나서 쪼물딱거리니까 그러는 거 아녀.

진주댁

저 온 거 알았잖아요!

(뭔 소리여? 하는 듯한 옥분)

저 들어올 때, 왔어? 와써? 하셨잖아요. 제 귀로 분명히 들었어요.

옥분

왔어?

(곰곰이 생각하다가)

왓썹은 영어여! 괜찮은가? 그런 말이라고.

자네도 영어 좀 배워. 무식해가지고.

진주댁

됐어요. 구멍가게 하는데 먼 영어요? 마, 옷이나 주이소.

옥분이 건넨 꽃무늬 재킷을 걸치고, 거울 앞에 서는 진주댁.

옥분

어때? 리뽐, 잘 됐지?

진주댁

뭐… 그럭저럭…

옥분

마음에 안 들어? 줘. 그럼. 싹 다 뜯어버리게.

진주댁

(생글거리며)

안 들기는요. 참말로 느낌 왓썹이네예… 땡큐유~ 형님.

옥분

유 아 웰컴이여!

진주댁

(어떻게 대답할까 하다가)

빠이빠이 예~

진주댁이 떠나고 적막한 수선집. 옥분, 잠시 망설이다 핸드폰을 꺼낸다.
이어, 수첩에서 꺼낸 낡은 쪽지를 펼쳐본다. 외국 전화번호인 듯.
번호 하나하나를 꾹꾹 누르고 통화 버튼을 길게 누르자, 신호가 간다.

상대방

Hello~

옥분

…

상대방

This is speaking, hello~

입을 떼어보지만 차마 말을 못하고… 그냥 끊어버리는 옥분.

14. 명진구청 종합민원실 / 오후

앞 씬 데시와 물리듯 나다나는 옥분의 얼굴.

iCanSpeak

59

옥분

개발사 상대로 소송 들어간담서?

민재

행정 명령입니다.

옥분

뭐가 됐든… 간만에 구청에서 바른 일 하는구먼!

민재

…

가방에서 서류와 사진들을 스크랩한 자료를 한가득 꺼내놓는 옥분.

옥분

저쪽도 가만히 있다 당하진 않을 텐데…
그동안 그놈들이 상가 건물을 임의 훼손하고, 권리금, 보증금
보호 안 하고 세입자 내쫓은 일들… 내가 사진 자료로
다 모아놨어. 소송하는 데 도움 됐으면 해.
한 식구 같은 시장 사람들 명운이 걸린 문제이니께…

민재

(영혼 없이)
모아주신 자료, 소중하게 쓰겠습니다.

CUT TO.

옥분이 두고 간 상가 재개발 증거자료들이 잔뜩 쌓여 있다.
안쓰러운 표정으로 자료들을 바라보던 민재.

민재

(아영에게)
안 쓰는 문서들 보관하는 데 따로 있나요?

15. YBM 어학원 상담창구 / 저녁

컴퓨터의 정보를 보고 있는 상담사. 그 앞의 민재.

상담사

원어민 회화 고급반 수강생이시네요?

민재

아, 지금은 그것 때문이 아니고요.
토익 점수 여기서 확인 가능한가 해서요. 전에 본 적 있는데…

상담사

저희 YBM이 토익 시험 대행도 하고 있죠.
(전산망에 접속하며)
잠깐만요.

출력된 토익 성적표를 든 상담사.

상담사

오! 950점… 훌륭하신데요.

민재

그거 언제 본 거죠? 토익 점수 유효기간 있잖아요.

상담사

아직 2년이 안 지나서 웬만한 곳에선 쓸 수 있을 거예요. 어디에
필요하신데요? 이 정도면 외국계 기업도 가볍게 통과할 점순데…

민재

(조심스럽게)
아, 공무원 시험입니다.

상담사

7급 준비하시는구나? 토익 점수 필요한 거면.

아, 네.
(누가 들을까 주위를 살핀다)

16. YBM 어학원 로비 / 저녁

상담창구 쪽에서 걸어 나오는 민재. 저만치 지나가는 옥분(닮은 사람?)을 보고 멈
칫한다.
설마 하며 다시 보는데, 뒷모습만 보인 채 코너로 사라진다.
고개를 갸웃거리는 민재.
'그 할매 땜에 노이로제 걸리긴 했나 봐. 헛것이 보이네.'

아이 캔 스피크

17. YBM 어학원 강의실 / 낮

여선생이 칠판 가득 영어 문장을 적으며 기초 회화를 가르치고 있다.

여선생

여러분이 옷가게에서 맘에 꼭 드는 옷을 발견했어요.
그럼 뭐라고 말할 수 있을까요?

선생의 말에 학생들을 쭈욱 비추는 카메라.
젊은 학생들 가운데 생뚱맞게 앉아 있는 옥분의 모습.
옥분, 혹시라도 자신에게 물어볼까 교재 뒤로 얼굴을 숨긴다.

남학생

I'm buying this…?

여선생

Good!
(다른 사람을 보면)

여학생

Oh, My God! I love it.

남학생 2

I'll take it.

여학생 2

(남학생 2를 보며 아양 떨며)

Honey~?
(웃는 학생들)

여선생, 시선을 주다가 옥분은 그냥 건너뛴다. 막상 건너뛰니 자존심 상하는 옥분.

여선생
캔 아이 트라이 디스 온.
따라 해보세요. 캔 아이 트라이 디스 온!

옥분만 잘 못 따라가고 더듬더듬 입을 뻥긋거린다. 쓸데없이 필기만 열심히 하고.

여선생
(혼자 분위기 타서 말 빨라지며)
여기서 더 가볼까요? 마음에 드는 물건이 엄청 싼 거야.
그럴 때, 쓰는 표현은… It's a steal! 말 그대로 너무 싸서 거의
훔친 거나 다름없다는 말이죠. 물건을 파는 사람이나 산 사람이나
다 쓸 수 있는 표현이니까 잘 기억해두세요.

옥분
(소심하게 손 들고)
저… 선생님. 잠깐만… 좀 천천히 하면 안 되나? 슬로우 슬로우…

여선생
(당황스러운)
아, 네… 뭐.

옥분

방금 좀 전에 그거 뭐라고? 물건이 싸서 앗싸 가오리일 때…

여선생

앗싸 가오리요?!

피식거리는 학생들.

옥분

그 훔친 거나 진배없다고…

여선생

(다소 짜증스레)

It's a steal! 이요.

옥분

그리고 그 전에. 먼저 입어보고 싶을 때…
캐… 캐나… 투라이… 뭐?

여선생

캔 아이 트라이 디스 온! 이요.

옥분

(공책에 또박또박 쓰며)

캐나이… 투라이… 온… 이게 뭔 말이라고?

선생도 학생들도 짜증난다.

18. YBM 어학원 계단 - 복도 / 오후

어깨 축 처진 옥분, 손에 들린 흰 봉투를 본다.

                        상담사(소리)
        복지회관이나 도서관 같은 데 가시면 노인분들 상대로
        무료로 영어 가르쳐드리는 거 있거든요. 실버 클래스.

CUT TO.

영어학원 복도 / 방금 전

안쓰러운 표정의 상담사와 옥분.

                          옥분
                        (버럭 하는)
        그노무 복지회관 실버 클라스. 나는 실버 싫어! 골드가 좋지.
                      (그러다 미안해져서)
        내가 거기라고 안 가봤겠는가? 별 도움이 안 되니게
                    비싼 돈 내고 학원에 온 거지.

                         상담사
                (흰 봉투를 옥분 손에 쥐어주며)
        이번에는 정말 안 될 것 같아요. 다른 학생들한테 피해도 가고.
                        죄송합니다.

'피해'라는 말에 뜨끔한 옥분.

CUT TO.

엘리베이터 안 옥분 손 흰 봉투. 엘리베이터 문 열린다.

19. YBM 어학원 4층 통로 / 낮

엘리베이터에서 내려 터벅터벅 걸어가던 옥분, 문득 걸음을 멈춘다.
어디선가 유창하게 영어로 대화하는 소리가 들린다. 옥분, 고개를 돌린다.
그런데 목소리가 귀에 익다. 뭔가에 이끌리듯, 그 소리 나는 쪽으로 옮겨지는 발걸음.
코너를 돌자 민재가 복도에 서서 원어민 선생(30대 남, 로버츠)과 웃으며 대화를
나누고 있다.

로버츠
(영) 이제 학원 그만 나온다고?
하긴 원어민 회화 고급반을 마스터했으니 더 할 것도 없지.
(농담하듯)
그럼 이제 동시통역사 준비반 등록하는 건 어때?

민재
(손을 저으며)
(영) 아냐. 나도 하고 싶은 일이 있어서 여기 다녔던 거야.
그동안 고마웠어. 밖에서 식사라도 한번 하자고.
우리 구청 앞에 맛집 많아. 공무원이 추천하는 맛집이 진짜
맛집이라구!

민재, 자신을 보는 누군가의 시선에 서늘힘을 느끼고 고개를 돌린다.
옥분이 넋 놓고 민재를 바라보고 있다. 뜨악한 민재.

아이 캔 스피크

의미심장한 미소를 짓는 옥분, 불길한 예감에 휩싸이는 민재.

20. YBM 어학원 앞 거리 / 낮

민재의 팔을 붙잡는 옥분.

민재

아, 왜요?

옥분

나 영어 좀 가르쳐줘.
(황당한 민재)
아까 두 눈으로 똑똑히 봤어. 미국사람이랑 쌀라쌀라 말 잘하드만.

민재

저도 영어 배우려고 여기 다닌 거예요.

옥분

제일 고급 코스 졸업하고 더 배울 게 없어서 그만 다니는 것도 알아.
그만하면 날 충분히 가르칠 수 있어.

민재

할머니가 영어를 어따 쓰시려구요?

옥분

다 쓸 데가 있어. 공짜로 배우겠다는 거 아녀. 보수 넉넉히 쳐줄게.

아이 캔 스피크

공무원 녹봉 빠듯하지? 알바 위떠?

민재

맘 같아서는 정말 가르쳐드리고 싶은데요.

옥분

(솔깃)

근데?

민재

할머니께서 넣으신 민원이 산더미처럼 쌓여 있어서

도저히 시간이 안 나네요.

쌩하고 돌아서는 민재. 머쓱한 옥분.

21. 명진구청 종합민원실 창구 / 낮

민원서류. 민원 신청인 란에 삐뚤빼뚤 Jennifer라고 적혀 있다.

민재

제니퍼… 님?

민재, 서류에서 눈을 떼고 고개를 들면, 창구 앞에 옥분이 방긋 웃고 있다.

민재

민원서류에 이런 장난을 치시면 어떡해요?

옥분

내가 제니퍼 맞어. 영어학원 다닐 때 영어 이름 하나씩 있어야
된다고 해서 선상님이 지어준 이름.
(지긋한 눈빛으로)
어째… 생각 좀 해봤어?

민재

뭘 생각해봐요?

옥분

나 영어 가르쳐주는 거.

민재

택도 없는 소리를. 영어학원 다니시면 되잖아요. 제니퍼 님!

옥분

(시무룩)
내가… 다른 학생들한테… 피해를 준대서…

민재

다른 학생 피해 주는 건 안 되고,
저한테 피해 주는 건 괜찮아요? (제가 만만해요?)

실망을 넘어 슬퍼 보이기까지 한 옥분의 표정.

22. 민재의 집 민재 방 / 오전

피곤한지 입까지 벌리고 곯아 떨어져 있는 민재.
핸드폰 벨이 울린다. 민재, 겨우 일어나 핸드폰을 받는다. 모르는 번호다.

옥분(소리)

나 제니퍼여. 일어났는가?

민재

누구? 제니… 퍼? 도깨… 나옥분 할머니?
지금 몇 시…? 공무원 개인번호로 전화하시면 안 되는데…
가만 제 번호를 어떻게 아신 거예요?

옥분(소리)

민원실 비상연락망에 적혀 있드만.

민재

그건 우리 직원들끼리 연락하라는 거지…
… 근데 무슨 일이신데요?

옥분(소리)

뭐겠어. 영어 가르쳐달라는 거지.

민재

죄송합니다!

핸드폰을 꺼버리는 민재.

아이 캔 스피크

23. 봉원시장 옥분의 수선집 앞 / 낮

툭 끊긴 핸드폰을 보며 피식 웃는 옥분.

혜정(소리)
내가 왜 나가냐고?! 나 안 나가!

소리에 일어서는 옥분.
창밖으로 건너편 족발집 혜정이 용역들과 실랑이를 벌이고 있는 모습.

24. 봉원시장 족발집 / 낮

머리를 빡빡 민 40대 남자(빡빡이)가 용역들의 우두머리인 듯하다.

빡빡이
알박기도 정도껏 해야지.

혜정
이십 년 넘게 해오던 가게를 당장 빼라는 게 말이 돼요?!

빡빡이
이십 년씩이나 했으니까 이제 좀 빼라는 거죠. 한 달 드릴게.
그때까지 어떻게든 정리합시다.

혜정
못하겠다면? 그럼 어떡할 건데?

빡빡이

어떡할 건지 나도 모르겠네. 그때 내가 어떤 기분일지…

피우던 담배를 버리고 발로 비벼 끄는 빡빡이, 바닥에 침을 퉤 뱉고는 돌아서는데

옥분(소리)

어이, 이것 봐! 빡빡이.

눈을 치뜨고 돌아보는 빡빡이. 옥분이 다가온다.

빡빡이

(자기 역할 이름이 빡빡이인 것도 모르는지…)
빡빡이? 지금 나보고 그런 거예요?
나 애가 초등학생인데… 빡빡이라니.

옥분

어딜 그냥 가려고 해? 꽁초 주워 가야지! 방금 네가 버린 꽁초.
(쌩까며 돌아서는 빡빡이)

옥분, 빡빡이의 뒷모습을 보더니 뭔가 확 떠오른 듯

옥분

잠깐 스톱.

빡빡이

(짜증난 듯 돌아보며)
아 또 왜요?

아이 캔 스피크

78

옥분

고개는 돌리지 말고, 몸만 스톱.

빡빡이, 고개를 앞으로 돌리려다가 문득, 하라는 대로 하는 나는 또 뭐냐 싶은 표정으로 돌아보는데, 어느새 다가온 옥분이 빡빡이의 뒤태를 유심히 본다.

옥분

너 혹시 비 오는 밤이면 여기 와서 오줌 싸고 간 놈 아니냐?

빡빡이

(당황하다가)

저는 비 오는 날이면 우울해서 집에만 있어요. 슬픈 노래 들으면서…

빡빡이, 황급히 돌아서서 잰걸음으로 사라진다.

옥분

(소리친다)

니네들 꼼수 더 이상 안 통한다!

상기된 채 돌아선 옥분, 혜정에게

옥분

걱정 말어, 구청에서 저짝 상대로 소송 비슷한 거 들어갔대.
구청에 열심히 준비하라고 내 얘기해뒀네.

혜정, 굳은 표정으로 홱 돌아서서 문을 쾅 닫으며 가게 안으로 들어가버린다.

25. 명진구청 종합민원실 창구 / 낮

대기의자에 앉아 교재를 펴놓고 시위하듯(?) 영어 공부를 하고 있는 옥분.
이따금 민재와 눈이 마주치면 인자한 미소를 짓는다. 그런 옥분이 무척 신경 쓰이는 민재. 다른 직원들도 옥분이 뭐라고 잔소리라도 할까 긴장한 표정이다.

종현
아예 자리를 틀고 앉으셨네. 숨 막힌다.
차라리 민원을 넣으시지…

민재, 짜증스런 표정으로 자리에서 일어선다.

26. 명진구청 종합민원실 창구 / 낮

옥분과 대치 중인 민재.

민재
할머님… 이러시는 거 공무집행 방해예요.
도대체 저한테 왜 이러시는 거예요?

옥분
얘기했잖아.

민재
저도 말씀드렸잖아요. 못한다구.

옥분

그러지 말구,

(살갑게)

선생님. 응?

민재

죄송하지만, 제 능력 밖의 일이라니까요.

옥분

젊은 사람이 야박하게… 나이 먹은 사람이 이렇게까지 하는데
고민하는 척이라도 하는 게 예의 아닌가?

민재

예의 찾는 분이 이런 억지를 부리고 계세요?

옥분

진짜 못해주겠다 이거야?

민재

네, 못합니다.

옥분

… 알았어… 그렇게까지 싫다는데 뭐…

(시무룩한 표정으로)

이만 들어가자구.

(하며 민원실로 앞장서는)

아이 캔 스피크

민재

어디 가세요?

옥분

(수첩을 꺼내들며)

그동안 민원 모아놓은 거. 한꺼번에 넣고 가야지! 각오혀.

민재

아니 무슨 민원을 모아놓기까지…

민원실 안, 종현과 아영 등이 절박한 눈빛을 민재에게 보낸다.
프레임인 하는 양 팀장.

양 팀장

제 한 몸 바쳐… 적장을 안고 강물에 뛰어든 논개처럼…!!

곤란한 민재의 표정.

27. 명진구청 도서관 / 낮

서가를 훑는 민재. 영어 교재들이 꽂힌 선반에서 《어린이 영어 첫걸음》《기초 영어 펜맨쉽》두 권을 꺼낸다.

CUT TO.
창가 테이블에 앉은 옥분 앞에 책을 툭 던져놓는 민재.
《기초 영어 펜맨쉽》을 펴면 대문자, 소문자 알파벳 쓰는 페이지.

민재

일단 이거 쭉 한번 써보세요.

옥분

내가 독학이지만, 영어 공부한 지가 몇 년인데,
설마 알파벳도 못 쓸까 봐?

민재

싫으시면 말구요.

펜맨쉽 책을 치워버리려는 민재를 붙든다.

옥분

아니여, 내가 교만했네.

처음 시작하는 심정으로다가 할게.

펜맨쉽 첫 페이지를 펴고, 필통을 꺼내는 옥분.

옥분

연필로 썼다가 지워야겠지? 다 같이 보는 책이니께?

민재

좋으실 대로.

서가 앞에 선 민재. 7급 공무원 교재 한 권을 꺼내어 훑어본다.

옥분은 펜맨쉽 책자 위에 알파벳을 정성껏 쓴다.

CUT TO.

테이블. 못마땅한 표정으로 옥분을 바라보는 민재.

민재

영어 할 줄 아는 거 있으면 아무거나 해보세요.

수준을 알아야 뭘 어떻게 해보든지 하지.

옥분

그동안 나 혼자 단어 위주로 많이 공부했어.

(눈에 보이는 사물을 가리키며)

체어, 윈도우, 스카이, 클라우드,

(벽시계를 가리키며)

저건 클락이지, 벽시계니께.

아이 캔 스피크

86

(민재 손목을 가리키며)
손목시계는 워치.
(우쭐하며)
복지회관 실버 클래스 학생 중에 클락이랑 워치 구분할 줄
아는 사람은 나밖에 없었어.

민재 바로 옆 서고에서 두꺼운 백과사전 한 권을 가져오더니

민재

이건 뭐죠?

옥분

아이고, 사람 무시하지 마. book이지.

민재

무슨 책이냐구요.

옥분

아… 사전…

(머리를 긁적이며)

딕… 딕쇼… 딕쇼나리. 딕쇼나리, 사전 맞지?

민재

그건 일반 사전을 말하는 거고. 이건 백과사전이에요.
백과사전이 영어로 뭐예요?

옥분

원 헌드레드 딕쇼나리?

민재

encyclopedia.

옥분

잉 머시기?

민재

(일부러 더 발음 굴려서)

encyclopedia.

옥분

잉싸…

(너무 힘들다)

그런 단어를 알아야 되는 겨?

아이 캔 스피크

우리말에서 '백과사전'이 어려운 단언가요? 잘 안 쓰는 단어예요?

옥분

아니지. 어려운 단어 아니지.

민재

그럼 encyclopedia도 영어에서 기본 단어겠죠.
안 그래요?

급 자신이 없어진 옥분, 그 낌새를 눈치챈 민재,

민재

제가 단어 몇 개 골라드릴 테니까 내일까지 외워 오세요.
그러면 정식으로 영어 가르쳐드리죠.

28. 명진구청 도서관 / 다음 날

쪽지시험(?) 보는 옥분. 민재가 적은 한글 단어 옆에 영어 단어를 꾸역꾸역 써 넣는다.

옥분

인류학, 앤쏠로폴로지… 철자가… 에이, 엔, 티…
(슬쩍 눈치를 보며)
철자는… 봐준다고 그랬지?

민재

철자 모르겠으면 한글로 쓰세요.

옥분

아이고, 자상도 하셔라.

CUT TO.

민재가 채점한 옥분의 답안지 인서트. 스무 문제 중 열다섯 개를 맞혔다.

민재

75점이에요. 잘하셨는데… 약속한 80점에는 모자라니까…

옥분

좌절… 좌절…

민재

좌절하지 마세요.

옥분

좌절… 프러스트레이트(frustrate). 프러스트레이트.
이제 생각났네. 이거 맞은 걸로 하면 딱 80점인데… 어떻게 안 될까?

민재

(냉정하게)
약속은 약속이니까요.
(일어서며)
그럼.

제대로 좌절한… 옥분. 미련 없이 자리를 뜨는 민재.
혼자 남은 옥분 앞에 놓인 답안지. 이제 비로소 이십 문제 모두 보인다.
위도, 경도, 행성, 인류학, 탄핵, 좌절, 선교사, 황폐 등 스무 개의 단어.
옥분이 틀린 다섯 문제는 행성, 탄핵, 음모, 황폐, 그리고… 좌절이다.

29. 곰탕집, 저녁

곰탕을 먹고 있는 민재.

민재
(지나가는 종업원에게)
여기 곰탕 하나 포장해주세요!

30. 민재의 집 거실 / 아침

부스스한 얼굴로 일어나 냉장고 문을 열고 물을 마시는 민재.
냉장고 안에 포장된 곰탕이 보인다.

민재
(영재 방을 향해)
야, 너 왜 어제 곰탕 안 먹었어?

영재(소리)
어젠 저녁 먹고 들어왔단 말야. 거기 놔둬. 오늘 저녁에 먹을게.

민재

너 라면 떡볶이 그런 걸로 저녁 때우지 마!

집밥… 최대한 집밥스러운 걸 먹어.

(구시렁)

니네 학교는 왜 저녁은 급식을 안 하는 거야?

화장실에서 나온 영재.

영재

난 알아서 잘 먹고 다니니까 형이나 잘하세요.

민재, 막 끓인 김치찌개를 식탁 위에 올려놓는다.

한술 뜨는 영재를 바라보는 민재.

민재

맛 어떠냐?

영재

묻지 마. 거짓말하기 싫어.

31. 도로 마을버스 안 / 저녁

퇴근길. 마을버스 안. 창가의 민재. 배에서 꼬르륵 소리.

민재, 핸드폰 통화를 한다.

민재

도미노 피자죠? 지금 주문하면 언제쯤 배달되나요?

아, 네. 효성 오피스텔…

그렇게 전화로 주소를 불러주던 민재가 차창 밖으로 뭔가를 발견하더니

민재

잠깐만요, 좀 있다 다시 걸게요.

차창 너머 보이는 민재의 시야로, 교복 입은 채 혼자 뚜벅뚜벅 어디론가 걸어가는
영재.
의아한 표정의 민재.

아이 캔 스피크

32. 봉원시장 옥분의 수선집 / 밤

어느새 내려 영재를 미행(?)하는 민재. 영 수상하다.
학원에 있을 시간에 웬 시장…?! 싶어서 따라가 보는데,
어느 가게 문을 열고 들어가는 영재.
뭐지 싶어 가까이 가서 가게 안을 기웃거리며 들여다보는 민재.
이때, 눈앞이 한 번 번쩍! 한다.

민재
아악!!

옥분
웬 놈이여?!

정신 차리고 보면 눈앞에 옥분이 서 있다. 대걸레 자루 쥐고.

옥분

으메메! 이게 누구여?

33. 봉원시장 옥분의 집 거실

멀뚱하니 마주 앉은 두 형제.
살림방 옆 작은 주방에서 달그락거리는 소리 들린다.

옥분(소리)

세상에나… 둘이 형제라고는 상상도 못했네.
박 주임한테 고등학교 댕기는 동생이 있을 줄이야…

민재

…

옥분(소리)

부모님이 늦둥이를 보셨구만.

영재

아버지가 술 먹고 실수하신 거래요.

민재

이 자식이…

영재

맞잖아.

옥분이 상을 들고 들어와서 민재와 영재 사이에 그대로 놓아준다. 김 모락모락
나는 국과 밥에, 갓 구운 김, 정갈한 반찬 주욱 차려놓은 밥상.
침을 꼴깍 삼키는 민재, 하지만 수저를 들지 못한다.

영재

(냉큼 수저를 들며)

잘 먹겠습니다!

이 상황이 익숙한 듯 자유롭게 식사를 하는 영재.
조심스레 한술 뜬 민재. 동공이 커진다. 맛있다!
에라 모르겠다. 맛있게 먹기 시작하는 민재. 흐뭇하게 바라보는 옥분.

CUT TO.

벽 쪽 테이블 위에 놓여 있는 옥분의 교재와 노트를 발견하고 스을쩍- 들쳐보는 민재.
종이가 너덜너덜할 정도로 꾹꾹 눌러쓴 영어 단어와 발음 그대로 한글로 또박또박
쓴 영어 문장 등이 빼곡하게 적혀 있다.

옥분(소리)

애기 학원 하루쯤 빠지면 어때서, 먹자마자 보내고 그러나.

살림방을 둘러보는 민재. 물건마다 영어로 적혀 있는 단어들.
Television, Calendar, Clothes, Furniture…

iCanSpeak

97

iCanSpeak

99

민재

한 번 빠지면 계속 빠지고 싶어요, 그 나이엔.

옥분

으미, 정 없는 거.

옥분, 다가와 민재 앞에 마실 것을 내려놓는다. 예쁜 국화차.

민재

근데… 왜, 챙겨주신 거예요, 제 동생?

옥분

그냥… 애기가 라면 뿌신 걸 먹고 있드라고. 짠해서 한 끼 먹여 보냈어.

민재

(부끄럽다)
아아…

옥분

근데 그 뒤로도 오가다 눈에 띄길래… 와서 먹으라고 했지.
나도 혼자 먹으면 적적하고 하니까.

별일 아니라는 듯 담담하게 말하는 옥분.

민재

… 고맙습니다.

차를 한 모금 마신 민재.

민재

(맘 먹은 듯)

월, 수, 금… 주 3일이면 되겠죠?

장소는 할머니 편한 곳에서…

옥분

(상기되는)

그 말인즉슨…??

민재

돈은 안 받습니다. 돈 주실 거면 안 해요.

옥분

그럼… 내가 미안한디…

민재

대신 지금처럼 제 동생 종종 저녁밥 좀 챙겨주세요.

옥분

그거라면야…! 배 터지게 먹여서 씨름선수 만들어줄게.

(신나서)

영어랑 동생 저녁밥 퉁친 거네.

유 티치 잉글리시 미, 아이 기브 밥 유어 브라더.

민재
(웃으며)
오케이.

옥분, 잽싸게 일어나서 뭔가를 들고 와서 탁자 위에 내려놓는다.
노트와 펜, 그리고 영어사전이다.

민재
????

옥분
오늘 수요일이자녀. 쇠뿔도 단김에…

허걱… 하는 민재.

CUT TO.

민재
절대 어려운 단어 쓸 필요 없어요. 쉬운 단어들만으로도
얼마든지 의사소통 가능해요.

옥분
근데, 왜 나한테는 그런 단어들 외우라고 한 거?

민재
(말이 막힌다)
그건…

아이 캔 스피크

네 속 모르는 줄 알았냐 하듯 배시시 웃는 옥분 때문에 더 민망한 민재.

민재

그럼… 왜 하란 대로 하신 거예요? 할머니답지 않게…

옥분

선상님이니께. 군·사·부 일체. 임금님, 스승님, 아버지는 다 같은 맘으로
공경해야 혀. 선상님 말씀 거역하면 안 돼. 까라면 까는 겨.

자신의 옹졸함이 부끄러워진 민재, 분위기 전환하듯.

민재

그럼, 시작해볼까요?
하우 알 유, 부터 하죠. 언제나 인사는 중요하니까.

옥분

하우 알 유, 좋지! 하우 알 유! 그 담 파인 땡큐 앤 유지?

민재

대한민국 망치는 영어!!

옥분

왜? 그러면 안 되는 겨?

민재

안 될 건 없지만, 너무 전형적인 표현…
(옥분을 빤히 바라보다가)

아니, 그렇게 하는 게 맞아요. 정확한 대답이에요.
(웃으며)
하우 알 유?

옥분

(쩌렁쩌렁)

빠인 땡큐! 앤 유?

민재

오랜만에 본 사람한테는… 그동안 잘 지냈어?
How have you been?

옥분

(노트에 연필로 적으며)

하우… 해브… 유…

민재

할머니, 절대 받아 적지 마세요.

모르면 모른 대로 입을 여세요. 그래야 말이 트여요.

옥분

적지 마라…

옥분, 노트에 '적지 마라'라고 적다가 민재를 바라본다. '이건 적어도 되나요?' 라는 듯.

피식 웃는 민재.

34. 봉원시장 진주슈퍼 앞 / 밤

평상에 마주 앉아 막걸리를 마시는 옥분과 음료수를 마시는 민재.

옥분
(민재에게 잔을 내밀며)
첫 수업을 기념하며!

민재
(떨떠름)
원래는 거리에서 이렇게 막걸리 마시는 거 불법인 거 아세요?
가만, 할머니 왜 이런 건 신고 안 했어요? 이야, 정작 자기 불법은 모른 척하시네.

옥분
거, 참 사람이 융통성이 없어.

민재
그거 한 잔만 비우시고 일어나시죠.

옥분
… 서른셋이면 옛날 같으면 손주 볼 나인데…
왜 아직 결혼을 안 했어?

민재
(심플하게)
때를 놓쳐서요.
(피식 웃는 옥분)

할머니는 돌아가신 우리 외할머니 연세랑 비슷하시니까…
손주들이 제 또래쯤?

옥분

손주가 없어.

(민재 보며)

자식이 없는데… 손주가 있을 리가.

민재

(괜히 물어봤다 싶다)

아…

어색한 침묵. 때마침 가게 안에서 진주댁이 안주 접시를 들고 나타난다.

옥분

뭐 그런 걸 가져와? 한 잔만 마시고 일어날 거야.
여기서 술 마시는 거 불법이래.

진주댁

언제부터요?

민재

(괜히 미안하던 차에)

에이 구청 직원이랑 마시는데 뭔 걱정이에요.
저도 한 잔 주세요!

진주댁, 민재에게 막걸리를 따라주는 척하며 은근슬쩍 앉는다.

진주댁

우리 형님 좀 잘 부탁드립니데이, 선생님!

막걸리 한 잔씩 걸치고 평상에 걸터앉은 세 사람.
그냥 그대로 있으면 좋으련만 기어이 한 마디 꺼내는 민재.

민재

(진주댁을 보며)
부산에서 학교 다니셨구나! 그럼 아주머니
'서면'이 어디 있는 줄 아세요?

진주댁

(그런 걸 질문이라고!)
서면은 딱 부산 복판에 있지. 부전동이랑 전포동 사이…

민재

(말을 자르며)
아뇨. 틀렸어요. 서면은 그곳에 있지 않아요.

진주댁

그러면 어디에 있는데?

민재

가로수 그늘 아래!

뭔 소린가 싶은 표정으로 민재를 보던 진주댁…

민재

가로수 그늘 아래… 서면!

진주댁

가로수 그늘 아래… 서면?… 이문세?

진주댁, 민재가 왜 여자가 없는지 알 것 같다. 이 자리를 뜨고 싶다. 오한이 오는 것도 같다.

진주댁

(일어서며)

잠바 하나 걸치고 올게요.

가게 안으로 들어가버리는 진주댁.
멀뚱하게 밤하늘만 쳐다보던 옥분, 이제야 입을 연다.

옥분

생강이 어디서 나는 줄 알어?

민재

생강이요? 먹는 생강?

옥분

응.

민재

생강은 밭에서 나는… 거 아닌가?

옥분

틀렸어.

민재

그럼 어디서 나요?

옥분

오솔길!

민재

????

아이 캔 스피크

이해 못하는 민재와 밤하늘에서 시선을 떼지 않는 옥분의 아스트랄한 투숏, 그 위로 깔리는 노래.

은희(노래)

생강~~ 난다. 그~~ 오솔길!

35. 봉원시장 옥분의 수선집 / 오후

라디오에서 흘러나오는 노래. 은희의 〈꽃반지 끼고〉
'그대가 만들어준 꽃반지 끼고… 다정히 손잡고 거닐던 오솔길이…'
노래를 따라 흥얼거리며 수선을 하고 있는 옥분 씨.
수선집 문을 열고 들어서는 민재.

민재

How are you!

옥분

Fine thank you and you?

CUT TO.
바둑판에 바둑알들을 늘어놓고 마주 앉은 민재와 옥분.

민재

알았죠? 무조건 영어만 하는 거예요. 한국말 쓰면 딱밤 한 대씩.

옥분

알았어. 각오혀.

민재

온리 잉글리쉬. 라잇 나우!

비장한 표정으로 알까기를 시작하는 옥분과 민재.
바둑알을 깔 때마다 "오, 쉣!", "그레이트!", "오 마이 갓!", "뎀 잇", "엑설런트!" 등
의 감탄사를 연발한다. 처음엔 살살 하던 민재도 점점 승부욕이 발동되는지 봐주
지 않는데…
급기야 일타쌍피를 한다.

민재

유 씨? 원 터치, 투 다이.

옥분

우라질.

민재

우리질? 캄 온.

옥분

와이?

민재

유 스포크 코리안. 우라질 이즈 코리안.

민재 그동안 쌓인 감정을 듬뿍 실어 가차 없이 딱밤을 날린다.
아파하는 옥분. 전의가 불탄다.

민재
(옥분의 표정을 보고 움찔해서)
돈 비 앵그리. 잇츠 어 게임.

옥분
샷 업. 렛츠 플레이.
(바둑알에 감정을 실어)
아이 킬 유!

슬슬 약이 오르는 옥분, 일부러 바둑알을 민재의 이마에 맞힌다.
이마에 바둑알을 맞고 비명을 지르는 민재.

민재
악! 왓 아유 두잉!

옥분
오! 아이 엠 쏘리!

씩씩거리던 민재, 이를 악물고 옥분의 바둑알을 떨어뜨린다.
옥분 차례, 음흉한 미소를 지으며 또다시 민재의 이마를 맞히는 옥분.

민재
(버럭)
아 유 크레이지? 유 디드 트라이 투 메이크 미 앵그리,

디든트 유?

미쳤어요? 나 화나게 하려고 일부러 그랬죠?

옥분

(천진한 표정으로)

왓? 왓? 슬로울리.

민재

유 디드 댓 온 퍼포쓰!

일부러 그랬잖아요!

옥분

(어깨를 으쓱하며 못 알아듣겠다는 제스처)

아이 돈트 언더스텐드.

민재

(답답해서)

아 씨. 할머니 저 일부러 맞춘 거 아니냐구요!
할머니 나 열 받게 하려고 그런 거 맞죠? 그죠?

옥분

아하~! 너 한국말 썼다. 이리 와! 딱밤! 딱밤!

민재

아 씨, 나 안 해!

민재가 바둑알들을 흩어버리자 옥분, 민재의 뒤통수를 퍽 친다.

경쾌한 리듬의 전주 시작. 노래방 반주(미디) 같은 편곡.

36. 영어 공부 몽타주

– 구청 휴게 공간 수업. 옥분이 잘 못 알아듣자 욱하는 민재, 허벅지를 찌르며 참는다.
"아이 워너 고온 썸 커피"(옥분), "아니요. 아이 워너 고 앤 겟 썸 커피"(민재)

– 공부하는 두 사람에게 음료수를 사다 주는 구청 사람들.
웬 노인 두 사람이 옆에서 청강한다.

– 흥겹게 노래를 따라 부르며 재봉질을 하는 옥분, 멜로디는 익숙한 트로트인데
가사는 모두 생활영어다. 옥분이 따라 부르는 노래의 목소리는 명백하게 민재다.
벽에 붙은 민재의 손글씨 가사를 보는 옥분.

옥분
욕 본다… 박 주임!

37. 이태원 바 내부 / 밤

시끄러운 음악, 외국인들이 가득한 이태원의 바.
입구에서 모습을 드러내는 민재와 옥분. 옥분은 자기 상상력 안에서 최대한
멋스럽게 차려입었지만, 그 공간에서 튀는 건 어찌할 수 없다.
옥분의 시야로 보이는 외국인들. 옥분, 신기하지만 두려움이 앞선다.

> **민재**
> 만날 책상에서 배워봤자 소용없어요.
> 무조건 외국인들이랑 대화 많이 해야 해요.

> **옥분**
> 리얼리?
> 정말 그래?

민재, 주위를 둘러보다가 외국인 남자 둘을 가리키며

> **민재**
> 저 사람들한테 가서 영어로 대화하고 오세요.

> **옥분**
> 리얼리?
> 허걱 정말?

> **민재**
> 실전 수업이에요. 최소 5분은 채우고 돌아오세요.

옥분

5분씩이나…

외국인 남자에게 머뭇머뭇 다가간 옥분, 외국남이 옥분을 바라보며 활짝 웃자,
당황하며 인사할 타이밍도 놓친 채.

옥분

… 마이 네임 이즈 옥분 나.

외국남

(환하게 웃으며)

(영) 안녕, 난 라이언 고슬링이라고 해.
할머니 여기 자주 오세요?

초장부터 알아듣지 못한 옥분, 급 얼어붙는다.
민재에게 구원의 눈빛을 보내나 무시하는 민재.

옥분

… 마이 홈타운 이즈 서산, 충청도…
아이 리브 인 봉원 마켓.

민재의 시야로, 입 대신 몸이 더 많이 움직이는 옥분의 모습.
옥분, 민재 쪽을 보며 대충 이만하면 됐지? 하는 신호를 보내면 민재는 3분 몇 초
를 경과한 핸드폰 스톱워치를 보여준다. 옥분, 울상을 하며 외국남 앞에 계속 있다.
핸드폰 스톱워치. 5분 땡.
상기된 채 돌아온 옥분, 목이 탄지 맥주를 벌컥벌컥 마신다.

아이 캔 스피크

민재

(바로 또 어딘가를 가리키며)

이번엔 10분!

오기가 생긴 옥분, 방금 내려놓은 맥주를 다시 들어 원샷 해버린 다음.

옥분

오케이!

외국인 여자들과 이야기하는 옥분을 바라보며 맥주를 마시는 민재.
금발 여자가 떨떠름한 표정으로 민재에게 다가온다.

금발 여자

(영) 옥분의 영어 선생님 맞죠?

민재

(영) 네, 할머니가 뭐 불편하게 해드렸나요?

금발 여자

(영) 나보고 당신과 잘해보래요.
난 결혼해서 애가 둘이라고 얘기했는데, 못 알아들은 것 같아요.

민재

… (쩝)

옥분(소리)

영어 별거 아니네!

민재 보면, 의기양양한 옥분.

옥분

얼굴 보고 얘기하면 어떻게든 말이 통하네.
선생님이 옆에 있으니까 일단 마음이 안정돼서…
말이 편하게 나오는구먼.
(웨이터를 부르며)
원 모어 비어!

38. 이태원 거리 / 밤

통화 중인 민재.

민재

독서실 아니고 피씨방인 것 같은데?
독서실 셔틀 시간 안 맞으면 그냥 택시 타고 와.
택시비는 아끼지 마.

기분 좋게 취해서 나온 옥분.

옥분

아이고, 영재 지 알아서 하게 놔둬.
무슨 유치원생 다루듯이 하고 그러냐.

민재

앤 고3이 무슨 벼슬인 줄 알아요.

걷는 옥분과 민재.

민재

동생 어렸을 때 제가 학교 때문에 가족이랑 떨어져 지내서…
제대로 같이 살게 된 건… 걔가 사춘기 시작할 때였어요.
난 대학 졸업하고… 대학원 유학을 막 떠났을 때였는데…

이때 취기로 크게 휘청하는 옥분. 민재, 옥분을 붙든다.

민재

괜찮으세요?

39. 녹사평역 근처 벤치 / 밤

나란히 앉은 옥분과 민재.

민재

(영) 유학 가자마자 엄마가 돌아가셨어요.
급히 돌아와서 상을 치르고 다시 떠날 때까지도 집안 사정을 전 몰랐어요.
저 걱정할까 봐 아빠가 감추셨던 거예요.
1년 뒤에 아빠까지 돌아가시고야 알게 됐죠. 엄마가 쓰러졌던 건
아버지 사업 실패 때문이었고… 아빠 역시 몸과 마음이 망가진 채로
1년을 더 버티셨을 뿐이라는 걸.
(한숨)
원래 난 건축가가 꿈이었어요. 그런데…
지금은 건축 관련 민원이나 처리하는 공무원이 돼 있네요.

선택의 여지가 없었어요. 꿈을 포기하는 대신…
안정적인 직업이 필요했으니까.

주절주절 영어로 얘기하는 민재의 말을 눈을 껌벅껌벅하며 듣고만 있는 옥분.

민재
(영) 가끔 동생이 공부 안 하거나 말썽 피우면…
저런 놈 때문에 내 꿈을 포기했나 싶어 속상하지만…
어쩌겠어요. 유일한 핏덩어린데… 그게 가족인데…

아이 캔 스피크

옥분

그런 슬픈 사연이 있었구나!

민재

뭐야? 다 알아들으신 건 아니죠?

옥분

그냥… 네 목소리만 들어도 알 수 있어.

민재

칫.

옥분

민재야. 누구나 아픈 과거가 있어.
하지만, 그 아픔이 있어서 지금의 네가 더 아름다운 거야.
어떤 일이 있어도… 너 자신을 미워하지 마.

민재

…

40. 명진구청 종합민원실 창구 / 오후

한복을 입은 양 팀장과 종현이 입구에서, 사람들에게 인사를 하고 있다.
몸에는 '즐거운 한가위 되십시오! – 명진구청'이라 적힌 띠를 두르고 있다.
카메라 빠지면, 민원 창구 직원들 모두 한복을 입고 앉아 있다.

iCanSpeak

종현

(떨떠름하게 한복을 바라보며)

어떤 놈이 이런 아이디어를 냈을까?

양 팀장

내가 냈다. 구청장님께 칭찬도 받았다.

종현

아…!

창구의 민재와 아영.

아영

(민재에게)

명절 연휴에 어디 안 가세요?

민재

뭐… 그냥 밀린 잠이나 자야죠.

아영

그쵸. 저도 이 나이 되니까 가족 모임 끼기 그렇더라구요.
소개팅만 몇 건 들어왔는데, 나가야 되나 말아야 되나.

(민재에게 슬그머니)

저 소개팅할까요?

민재

그걸 왜 저한테 물으세요?

아영

(무참하다)

벌 받으실 거예요.

양 팀장 / 종현(소리)

즐거운 한가위 되십시오!!

41. 민재의 집 거실 / 낮

식탁. 사 온 것임에 틀림없는 송편, 만두, 약과 등이 놓여 있다.

영재

(송편을 입에 넣고 영혼 없이 오물거리며)

어렸을 때 명절이면 엄마가 전 부쳐줬었는데. 고추전, 깻잎전…

근데, 생선전은 정말 싫었었어. 냄새나고…

느물느물한 식감도 싫고.

민재

어릴 땐 다들 생선전 싫어해. 나도 그랬으니까…

(우울한 영재의 표정을 보고)

마트에서 동그랑땡이라도 사 올 걸 그랬구나.

영재

(문득)

할머니는 명절 누구랑 보내시나?

민재

할머니?

42. 봉원시장 거리 - 족발집 / 오후

추석 당일 오전 텅 빈 봉원시장. 유령 도시 같은 느낌.

43. 봉원시장 옥분의 수선집 / 오후

옥분, 혼자 라면을 먹으며 영어 교재를 보고 있다.
이때, 문 열고 누군가 수선집 안으로 들어온다.

옥분

어서 오…

민재와 영재다. 민재는 정종 선물세트를 들었고, 영재는 양손에 마트 쇼핑백을 들고 있다.

영재

하우 알 유?!

옥분

(반색하며)

아임 빠인 땡큐 앤 유~!

민재

빨간 날이라고 쉬었다 하고 그럼 절대 안 늘어요, 영어는.
매일 해야 확 늘지!

영재

(옥분 앞의 라면을 보더니)
나한텐 그렇게 라면 먹지 말라시더니…

영재, 양손에 든 쇼핑백을 내려놓으면, 각종 식재료.

CUT TO.

치이이이익— 지글지글 기름에 부침개 부치는 옥분.
부치는 족족 집어 먹는 영재에게 한 소리 하는 민재.

민재

야, 쫌.

옥분

뒤. 부침개는 원래 그 자리에서 바로 먹어야 젤 맛있는 거여.

영재

거봐!

손질한 명태를 부침가루에 묻힌 뒤 계란옷을 두르는 옥분의 숙련된 손길을
냉·부·해 나온 게스트처럼 바라보는 두 형제.
막 완성된 명태전 하나를 영재에게 내미는 옥분.

영재

으~~ 나 생선전은 별론데…

하면서 예의상 입에 넣고 오물거리는 영재. 눈이 휘둥그레진다. 신세계다.

영재

오호~~ 생선전이 이런 맛이었어? 할머니 하나 더요.

민재

너도 이제 초딩 입맛 졸업한 거야.
(괜히 뭉클하다)

44. 봉원시장 진주슈퍼 앞 / 밤

셔터 내린 슈퍼 앞 평상에 앉은 세 사람, 보름달을 바라보고 있다.

영재

와, 달 진짜 크고 동그랗다.

옥분

한가위 보름달이잖어.

민재

달 보고 소원 빌거나 이런 거 하지 맙시다!

민재답다. 멋쩍은 나머지 두 사람.
정종을 나눠 마시는 민재와 옥분. 자기 컵에 몰래 정종을 따르려던 영재의 손을 치는 민재.

영재

(문득)

근데, 할머니는 왜 영어를 배우시는 거예요?

갑작스런 질문이긴 하지만, 민재도 정작 궁금했었다.
가만 허공을 보고 있던 옥분, 지갑에서 뭔가를 꺼내 보여준다.
낡은 흑백 가족사진이다.

옥분

나도 남동생 있다. 어렸을 때 헤어지고…

지금 미국에 살고 있는데… 한국말을 하나도 못한대.

영재

입양 간… 거예요?

민재

…!!!

옥분

통화라도 하고 싶은데… 말이 통해야지. 잘 사는지, 잘 늙었는지,
아픈 덴 없는지, 자식들은 어떤지… 궁금한 것투성인데…
그래서 영어 배우는 거야.

민재

…

옥분

(눈물 몰래 훔치며)
나 소간 좀 갔다 올게.

옥분, 화장실에 가고 민재, 옥분의 가족사진을 본다.
뒷장을 넘겨보면 LA 주소와 연락처가 적혀 있다. 민재의 표정.

CUT TO.
옥분 돌아와서 다시 형제 사이에 앉는다.

옥분
아무래도 그냥 넘어가기 뭐하구먼. 달 보고 소원 빌자!

일제히 눈을 감고 한가위 보름달을 향해 소원을 비는 세 사람.
눈을 뜬 세 사람.

영재

전 할머니 영어 잘하게 해달라고 빌었어요.

옥분

난 우리 선생님 좋은 색시 만나게 해달라고 빌었는데…

민재

전 영재 원하는 대학 들어가게 해달라고…

세 사람, 번갈아서 서로를 바라본다. 기분이 이상하다.
은희의 〈꽃반지 끼고〉 선행.

45. 봉원시장 옥분의 집 안방 – 오솔길 / 밤

곤히 잠든 옥분의 얼굴. 희미한 미소를 띤 채 아이처럼 자고 있다.

은희(노래)

생각~~ 난다. 그~~ 오솔길.

CUT TO.

화창한 봄날의 오솔길을 걷는 열세 살 소녀(어린 옥분).
바람개비를 든 채 달려오는 일곱 살 남자아이(옥분 동생).
어린 옥분, 남동생을 업고 걸어간다.

CUT TO.

옥분의 눈에서 한 자락 눈물이 흘러내린다.

46. 민재의 집 / 밤

복층에 누운 민재.

CUT TO.

– 5년 전. 비행기 안. 잠든 승객들 사이, 창가 좌석에 기댄 넋 놓은 표정의 민재. 이내 소리 없이 흐느끼기 시작한다.

– 장례식장. 민재, 아버지의 영정 사진을 본다. 상주 자리를 보면, 모르는 사람 보듯 눈 껌뻑이며 민재를 보는 영재(당시 열세 살).

CUT TO.
복층 민재 너머 보이는 아래층 소파에 누운 영재.

민재

영재야. 너 아빠 실수로 태어난 거 아니야.

영재

그럼?

민재

나 기숙사 생활하는 중학교 입학하고 나서…
엄마 아빠가 많이 외로우셨나 봐. 그래서… 널 가지셨대.

영재

형아야, 나는 형아 뭐가 제일 부러운 줄 알아?

민재

잘생긴 얼굴?

영재

(말 씹으며)
형아는 나보다 14년을 더 엄마 아빠랑 살았잖아.
함께한 추억이 14년 더 많은 거… 그게 부러워.

그렇게… 잠들어가는 명절의 두 형제.

47. 명진구청 계단 / 낮

민재, 아영, 종현이 쪼그리고 앉아서 계단 한 칸 한 칸에 글자(숫자) 스티커를 붙이
고 있다.
'걷기만 한 운동이 없습니다!' 옆 '000초 수명' 옆 화살표.
힘들게 다 붙인 세 사람, 계단을 본다.

아영
(천동설에 의심을 품은 갈릴레이처럼)
걷기 운동을 하는데… 왜 수명이 줄어드는 것일까?

가만 보면, 화살표가 아래쪽으로 잘못 붙었다.

아영
화살표를 잘못 붙였네.

넓은 화면. 굽이굽이 이어진 계단에 일정 간격으로 (반대방향으로) 붙은 화살표.
저걸 언제 다시 바꿔놓나… 싶은 세 사람.

종현
그냥 둡시다. 아무도 모를 거야.

그래도 되나 싶은 표정으로 서로를 바라보는 세 사람.

핸드폰 진동 울리고, 민재, 문자 메시지를 확인한다.
옥분이다. '저녁 맛있는 거 해놨응께, 좀 일찍 와'
왠지 모르게 굳은 표정의 민재.

48. 봉원시장 옥분의 집 거실 / 저녁

옥분이 차려놓은 진수성찬 앞에서 수저를 뜨는 둥 마는 둥 하는 민재.

옥분

왜 입맛이 없어?

민재

(고민하다가)
할머니 영어 공부 이제 그만하시죠.

옥분

시방 또 뭔 소리여?

민재

(수저를 놓으며)
사실 저… 7급 시험도 얼마 안 남았고, 하루하루가 빠듯해서요.

옥분

아… 그렇구만. 그럼, 횟수를 줄여서… 일주일에 한두 번이라도 안 되겠는가?
그리고 이젠 내가 강습비라도 챙겨줄게. 자네는 한사코 안 받는다고 해도
그간 내 마음이 편치 않았네.

민재

(애써 단호하게)
죄송합니다. 정말…

옥분마저 수저를 놓는다. 어색함이 흐르고…

옥분

(주먹인사)

하우 아 유!

반응 없는 민재. 허공에 들고 있는 옥분의 주먹이 부끄럽다.

민재

죄송해요. 이만 가보겠습니다.

당혹스러운 옥분.

49. 봉원시장 옥분의 수선집 앞 / 밤

황량한 시장 길을 걸어가는 민재의 얼굴 위로

50. 플래시백 / 명진구청 중앙 광장, 이날 오후

민재, 핸드폰 사진첩을 연다. 씬 44의 옥분 가족사진 뒷면 전화번호.
국제 통화를 하는 민재.

상대

Hello.

민재

Hi, I'm calling from Korea.

Are you Okbun's younger brother by any chance?

옥분의 남동생?

상대

Korea? Wait a minute.

한국? 잠시만.

남동생

Hello. Who are you?

누구세요?

민재

Hi. I'm Okbun's English teacher.

She is learning English to speak to you.

나는 옥분의 영어선생이다. 옥분은 당신과 통화하고 싶어서 영어를 배우고 있다.

남동생

Okbun? I'm sorry. I don't want to speak to her.

I didn't wish to speak to her before. I won't have anything to say.

Please don't call here again and tell her, I don't remember her.

누나와 얘기하고 싶지 않다. 예전에도 그랬지만, 지금도 그리고 앞으로도 누나와 할 얘기가 없다. 다시는 연락하지 말고, 누나에게 전해달라. 기억나지 않는다고.

민재의 무참한 표정.

51. 노인병원 복도 / 낮

복도를 걸어온 옥분, 어떤 병실 앞에 선다.

52. 노인병원 정심의 입원실 / 오후

옥분이 문을 열고 들어서자 환자복을 입고 누워 있던 정심이 벌떡 일어난다.

정심
옥분아~.

옥분
괜찮은 거여?

봉사자
아이고~ 친구분 오셨구나. 만날 얘기하시던 그 친구분이세요?

정심
맞다. 내 베스트 프렌드.

옥분을 뚫어져라 한 번 쳐다보는 봉사자들. 옥분, 약간 불편하지만.

옥분
그래, 베스트 프렌드.

봉사자 알아서 자리를 피해준다.

CUT TO.

정심과 옥분만 남은 병실 안.

정심

이런 모습 보여서 미안하다.

옥분

(눈 흘기며)

그걸 말이라고 하나. 미안하면 퍼뜩 나아갖고 인나라.

정심

내가 이제 정신이 오락가락 가물가물한단다.

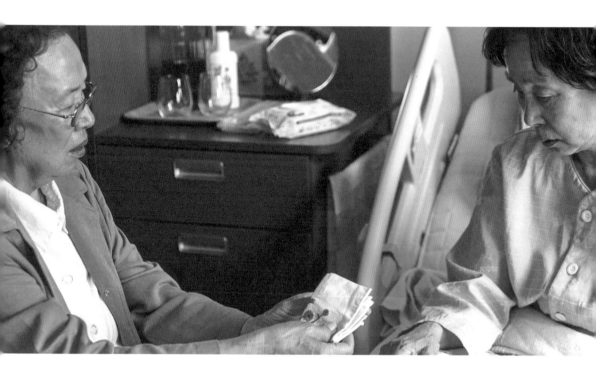

옥분

(정심이 카페에서 놓고 간 손수건을 꺼내 쥐어주며)

이건 기억나는가?

정심

다른 건 몰라도, 이걸 잊어버리겠나.

옥분

(정심의 손을 꼭 잡으며 갑자기 눈물 터지는)

어이구 이 사람아, 엊그제까지 팔팔하더니 왜 이래 누워 있누~

정심

(옥분 다독이며)

아픈 건 난데… 왜 네가 울고 그러나… 울지 마라…

예나 지금이나 우리 옥분이 눈물 많은 건 변하질 않네~

이때 방으로 들어오는 금주.

53. 노인병원 휴게실 / 오후

금주와 옥분.

금주

이제 더 이상 정심 할머니는 힘드실 것 같아요. 진행이 생각보다 빨라서

몇 달 뒤면 성함도 기억 못하실지도 모른다네요.

… 그래서 말인데요.

(조심스럽게)
옥분 할머님께서 좀 도와주시면 어떨지…

말없이 먼 하늘만 바라보는 옥분.

금주

어려우실까요? 거창한 이유 부담스러우시면, 그저 정심 할머니를
위해서라도요. 할머니 베프 정심 할머니 소원이신데…
(간절하게)
할머니…!

그래도, 옥분은 아무런 대답이 없다.

아이 캔 스피크

54. 봉원시장 입구 / 밤

옥분이 시장 입구에 다다르면 어디선가 시끄럽게 싸우는 소리가 들려온다.
보면 족발집 앞에서 경찰들이 전혀 미성년자로 안 보이는 건장한 남자 한 명을
경찰차에 태우고 혜정은 경찰들에게 항변 중이다.

혜정
아니 저게 어딜 봐서 고등학생이에요?

경찰
아리까리하면 신분증 검사를 하셨어야죠.

혜정
당연히 신분증 확인했죠.
처음엔 세 명이 왔는데, 언제 합석했는지 넷이더라니까.
(억울해서)
서빙하는 사람도 없이 나 혼자 일해서…
맘먹고 중간에 합석하면 체크하기가 힘들어요.

경찰
어쨌든 미성년자한테 술을 판 건 사실이잖아요.

혜정
아이, 진짜… 뭐에 홀린 것 같네.

억울해하는 혜정, 고개 돌리다 옥분을 발견하고는.

혜정

할머니죠?

옥분

어?

혜정

우리 가게 미성년자한테 술 판다고 신고한 거 할머니잖아요.

옥분

무슨 생사람 잡는 소리야. 내가 뭘 이득이 있다고 그런 짓을 해?

혜정

이 시장바닥에서 이런 짓 할 사람 할머니밖에 더 있어요?

옥분

뭐야? 도대체 나를 뭘로 보고…

혜정

정신병자! 허구헌 날 뭐 신고할 거 없나…
할머니 그러다가 나중에 크게 후회할 날 있을 거예요.

옥분

(어처구니없다)

!!!

독하게 옥분을 쏘아보고는 경찰차에 오르는 혜정.

55. 곰탕집 내부 / 낮

곰탕을 먹고 있는 민재와 영재.

영재

형이 맨날 여기서 포장해 오는 거였구나?
와서 먹으니까 더 맛있다.

민재

너 온 김에 보건소에서 독감주사 맞고 갈래?

영재

촌스럽게 독감주사는…

민재

맞고 가. 요맘때부터는 공부도 공부지만, 몸 관리가 더 중요해.

영재

(또 그 소리냐는 듯 화제 돌리며)
형아야, 요새는 할머니 영어 안 가르쳐?

민재

응, 그렇게 됐다.
집 근처에 백반집 생겼더라. 이제 저녁은 거기서 사 먹어.

56. 명진구청 종합민원실 창구 / 낮

옥분 핸드폰을 보며 걸어온다. 그동안 민재에게 보낸 문자들.
'선생님! 식사는 하셨는지요?' 'How are you?' 등 여러 개를 보냈지만, 답장이 없다.
옥분의 시야로, 유리창 너머 민원실 창구 민재의 자리. 종현이 대신 앉아 있다.
찜찜한 표정으로 돌아서는 옥분, 멈칫하고 보면 건물 아래층 휴게 공간에서 피어
오르는 담배 연기. 깔깔대는 소리도 들리고, 양 팀장이 살짝 보였다 사라지기도 한다.

옥분
저것 봐라, 구청 공무원들부터 건물 앞 금연을 안 지켜.
내가 요새 좀 얌전히 지냈더니 이것들이 진짜.

57. 명진구청 휴게 공간 / 낮

타 부서 사람과 담배 피우며 대화를 나누고 있는 양 팀장.

타 부서
본과에서 들었는데, 개발사에서 불복소송 걸었다며?
잘못되면 너네 문책받는 거 아냐?

양 팀장
그냥 짜고 치는 고스톱이지. 형식적으로 우리가 져줄 거야.
시장 사람들 민원이 너무 많으니까… 우리는 최선을 다했다,
면피하고 회사 쪽은 법적으로 문제없다 하면 원원하는 거지 뭐.

옥분(소리)

그게 무슨 소리여!!

옥분이 뒤에 서 있다. 대화를 듣고 있었던.

옥분

짜고 치는 고스톱이라니?!

양 팀장

(화들짝 놀라서 변명이랍시고)
아… 상갓집에서 고스톱 친 얘기 하고 있었습니다…

옥분

짜고 친다며?

양 팀장

짜고… 는 육개장이 짜다는 얘기지 않았을까 싶네요.

옥분

상가 재개발 들어간다는 얘기를 방금 했지 않은가?!
그게 무슨 말이냐고!!

양 팀장

그렇게 다 들어버리신 거라면…
(골치 아픈 듯)
저, 그게 개발사 측의 임의 훼손 혐의도 증명할 수 없다고 그러고…
(짜증난다)

현실적으로다가… 승부가 뻔한 재판을 비싼 세금 들여서 소송하는
우리 입장도 좀 생각해주세요, 할머니.

옥분

이것들이…!! 사람을 호구로 보는 겨?!!

양 팀장

그만 좀 하세요, 이제. 남의 사유재산 가지고
억지 부리지 마시고.

화가 치미는 옥분. 주먹을 꽉 쥐고 휙 돌아선다.

58. 명진구청 종합민원실 창구 / 오후

씩씩거리며 들어와 창구 앞에 선 옥분.

옥분

내가 준 증거자료 냉큼 돌려줘!

아영

네?

옥분

소송에 쓰라고 전에 내가 갖다 줬던 자료들 있잖아.
개발사에서 황산 뿌리고, 임의 훼손한 흔적들 찍어놓은 거.
(아영이 당황하자)

어여 박 주임 책상 찾아봐, 어서!

아영

그 자료 파쇄했을 텐데?

옥분

파쇄? 없앴단 말이여?

아영

네…

(뭔가 잘못됐음을 느낀다)

옥분

네가?

아영

아니… 제가 그랬다기보다는…

CUT TO.

핸드폰을 든 채 통화하며 급히 걸어오는 민재.

민재

그걸 파쇄했다구요?

아영(소리)

안 쓰는 자료 랬잖아요.

iCanSpeak

민재

안 쓰는 자료니까 보관해두란 거였어요.

민재를 발견하고 달려와서 다짜고짜 멱살을 잡는 옥분.

옥분

감히 이 노인네를 속여?!

입장 곤란하고 괴로운 민재.

민재

행정절차상 다른 도리가 없어요. 그리고 할머님은 걱정 안 하셔도 돼요.
건너편 족발집 라인만 개발지역으로 포함될 거니까.

옥분

(민재의 가슴을 마구 치며)
나 좋자고 그렇게 몇 년 동안 지켜보고 모은 줄 알아?
그 족발집 처자는 홀어머니 모시느라 시집도 못 가고 새벽부터 고기 떼 와서
삶고 하느라 얼마나 고생하고 사는데, 나가라면 어쩌란 말이야?!

옥분이 계속 성을 내자 민재도 화가 난다.

민재

나옥분 할머니! 그렇게 오지랖 떨고 다닌다고 누가 알아줘요?
본인 일에나 신경 쓰세요! 욕이나 듣고 다니면서!!

아영

(놀라서)

박 주임님!

옥분

알아달라고 하는 거 아냐!! 나 사는 곳이고, 같이 사는 사람들이니까
그러는 거지!! 어떻게 네가 나를 속여!! 네가!!

민재

그래요, 본의 아니게 제가 할머니 속인 게 돼버렸어요.
죄송하게 생각해요.

옥분

죄송? 죄송? 그래, 그럼 죄송해서 영어 가르쳐준다고 한 거여?

민재

(억울해서 격해진다)

네, 그렇습니다. 죄책감 좀 덜어보려고 잘해드린 거예요.
적당히 하다가 빠지려고.

찰싹, 민재의 뺨을 때리는 옥분. 맞은 민재도, 때린 옥분도 놀란다.
갑작스런 소란에 여기저기서 몰려든 사람들.
그 가운데, (보건소 다녀온) 영재의 모습도 보인다.

민재

(작심하고)

그리고 하나 더 있어요.

(입술이 떨린다)

할머니 영어 공부하실 필요 없습니다. 제가 통화해봤는데, 동생분이
할머니 만나기 싫대요! 할머니랑 만날 생각도 없고 기억도 안 난답니다!
애초부터 영어 따위 그렇게 기를 쓰고 배울 필요도 없었단 말이에요!

옥분

… 거짓말…!

충격으로 그 자리에 스르르 주저앉는 옥분. 아영, 옥분을 부축한다.
사람들 사이의 영재, 실망스러운 눈빛으로 민재를 본다.

중국집(소리)

그 할망구가 꼬지른 게 맞대니까.

59. 봉원시장 상가 번영회 사무실 / 오후

한데 모인 상인들. 뭔가 모여 작당을 하는 분위기다.

중국집
그 할머니가 늘 들고 다니는 수첩. 그거 치부책이잖아.

건어물
몰래 남의 약점 잡아서 여기저기 신고하는 게 그 노인네 취미지!

진주댁
형님이 남의 가게 일러바치고 그럴 분은 아인데…

통닭집
아니긴 뭘 아녀요. 지난번 우리 가게 기름통 좀 샌 거 가지고
난리도 아녔는데…

혜정
저요, 이것 때문에 영업정지 2개월 받았거든요? 제가 실수한 건 인정한다
처도, 가족보다도 자주 보는 이웃끼리 이건 정말 너무하는 거 아녜요?

상인 1
맞아. 우리가 언제까지 그 노인네 눈치만 보며 살 거야?

상인 2
이참에 상가 번영회 차원에서 조치를 취합시다.

회칙 뭘 적용하면 될까?

상인 1
회칙 그런 거 걸고 넘어지면, 그 할매 성깔에 가만있겠어?

상인 2
그냥 우리가 무시하고 살면 되지. 투명인간 취급.

다들 동조하는 분위기.

진주댁
아니. 그래도 그 형님 덕분에 골치 아픈 거 해결된 게 한두 개가 아인데…
사람들이 이제 와서 그라면 못쓰지.

사람들, 옥분 편을 드는 진주댁에게 삐죽거리며 눈치를 준다.

60. 봉원시장 거리 / 오후

옥분이 걸어가면, 홍해 갈라지듯 양옆으로 비켜서는 시장 사람들.
영화 초반, 꼬투리 잡힐까 무서워 피하는 것과는 다른, '은따'의 느낌.

61. 봉원시장 옥분의 수선집 / 오후

멍하니 앉아 있는 옥분으로부터 카메라 이동해 출입문을 잡으면,

유리창 너머, 지나가는 시장 사람들의 멸시, 조롱의 시선이 느껴진다.
다른 상인들 다 지나간 후, 진주댁이 수선집에 들어오려는데, 문이 잠겨 있다.

62. 민재의 집 거실 / 아침

등교 준비하는 영재.
화장실에서 나온 민재, 영재를 노려본다.

민재

너 혹시 집에서 담배 피웠냐?

(황당하다)

영재

(싸늘하게)

고3 히스테리로 이해해주면 안 될까?

무시하고 나가려는 영재. 민재, 영재의 백팩을 잡고 돌려 세운다.

민재

너 왜 그래?

영재

형이야말로 왜 꼰대처럼 굴어?

민재

난 네 보호자야.

영재

맞다. 형이 내 보호자였지.
나 때문에… 형 꿈 포기하고 공무원 하고 있는 거였지.

욱하려다가 이내 감정을 추스르는 민재.

민재

너… 형한테 불만 있니?

애써 감정을 삭이는 민재를 바라보는 영재.

영재

어렸을 때 형이랑 떨어져 지내면서… 형은 어떤 사람일까 궁금했었어.
공부 잘하는 형… 아빠가 늘 자랑하던 형.
잘은 모르겠지만 아빠랑 비슷하겠거니 했어. 같은 핏줄이니까.
그런데… 내 생각이 틀렸어.
형은 아빠랑 다른 사람이야.

민재

하고 싶은 얘기가 뭐야?

영재

예전에 아빠랑 일하시던 분들 중에 아직도 가끔 나한테 연락해서
용돈 주고 밥 사주시는 분들이 있어. 그거 몰랐지?
아빠는 사업 망하고 나서도… 함께 일하던 분 끝까지 챙기다 돌아가셨어.

민재

…

영재

아빠는 주변 사람들을 가족처럼 소중히 생각했어.

민재

!!!!!!

CUT TO.

홀로 남은 민재, 우두커니 식탁 의자에 앉아 있다.

영재(소리)

형, 옥분 할머니한테 그러면 안 돼.

할머니가 왜 시장에서 그렇게 오지랖을 떨고 다니는 줄 알아?

… 외로우셔서 그래.

내가 뭐 밥 사 먹을 데 없어서 할머니한테 가서 밥 얻어먹은 줄 알아?

할머니… 가족도 없이 평생을 외롭게 살아오셨어.

63. 명진구청 문서 보관소 / 오후

각종 문서 가득한 선반. 민원별, 시기별로 정리된 서류들.
한 칸에는 누군가 장난처럼 써놓은 '나옥분(도깨비 할매) 컬렉션' 이라는 견출지가
붙어 있다.
나옥분 컬렉션(?)에서 서류철 하나를 꺼내어 보는 민재.
각종 사안에 대해 진심을 다해 쓴 민원 내용이 옥분의 필체로 적혀 있다.
그것을 바라보는 민재의 표정.

64. 봉원시장 족발집 / 낮

고함을 지르고 물건을 때려 부수며 행패를 부리는 빡빡이와 부하 몇 명.
혜정, 필사적으로 그들을 말리지만 역부족이다.
열린 문밖에서 안을 들여다보며 어쩔 줄 몰라 하는 상인들.

빡빡이

내가 한 달 말미를 줬을 때,

크게 반대 의사 표시가 없었던 걸로 기억하는데?

혜정

내 얘긴 듣지도 않고 니들이 가버렸잖아.

(버럭했다가 애원하듯)

어머니 때부터 해오던 가게를 어떻게 한 달 만에 정리를 해요?!

빡빡이

그러게 가게 우리한테 팔고 정리하면 됐잖습니까?

친절하게 영업정지까지 시켜줬더니만.

혜정

(놀랐다가)

뭐? … 설마 너희들이 그랬던 거냐…?

혜정의 시야로 보이는… 빡빡이 부하들 가운데, 씬 54의 고딩.

빡빡이

일찌감치 협조해줬으면 좀 좋아요? 서로 시간 낭비 없이.

혜정

(부르르 떨며)

이… 개 같은 자식.

빡빡이에게 무섭게 달려드는 혜정. 빡빡이, 혜정을 사정없이 밀어버린다.

테이블에 부딪힌 뒤 심하게 구석으로 처박히는 혜정.

구경하는 상인들 모두 걱정스러운 눈으로 발을 동동 구르면서도 차마 나서지 못한다.

진주댁이 나타나서 혜정을 부축한다.

남자(소리)

그만하세요!

소리 나는 곳을 보면, 우뚝 서 있는 민재.

빡빡이

뉘신가?

민재

명진구청에서 나왔습니다.

공익 요원 두 명이 현장 사진을 찍고 있다.

빡빡이

아, 구청에서 오셨구나. 공무원님들 번거롭게 안 해드리려고
우리 선에서 정리하려고 했는데…
(명함을 건네며)
저희 예림건설 정식 직원이에요. 혹시라도 용팔이 그런 걸로
오해하실까 싶어서.

민재

(명함을 보며)
대외 지원 사업부는 또 뭐야?

빡빡이

대외적으로 지원을 하는 부서… 겠네요.
(혜정을 가리키며)

이 아줌마가 사유재산을 불법으로 점거하고 타인의 권리를 침해하고 있습니다.

민재

아뇨, 아직 소송이 진행 중인 상태라 아무리 사유재산이라 해도
이런 식의 영업 방해 행위는 위법입니다.

빡빡이, 민재 쪽으로 몇 걸음 다가오더니

빡빡이

소송? 에이, 그거 요식행위잖아요.
(씩 쪼개며)
윗선에서 그림 짠 거지만 저도 대충은 압니다.

피식 웃는 민재.

CUT TO.

어딘가와 통화를 하며 구시렁대는 빡빡이.

빡빡이

(민재에게)
주임님, 존함이?

민재

박민재.

빡빡이

(일부러 욕하듯이)

아이 캔 스피크

박민재래요. 박민재!

CUT TO.
구청장실의 양 팀장과 핸드폰 통화 중인 민재. (교차)

양 팀장
야, 박 주임. 애초에 소송 아이디어를 낸 것은 너잖아.

민재
그런 편법도 있다고 했지 그대로 실행하라는 건 아니었습니다.

양 팀장
햐, 이 미꾸라지 같은 놈. 이러면 구청장님 곤란해져.

민재
그런 역학 관계까지는 제가 잘 모르겠습니다. 죄송합니다.

양 팀장
우리 쫌 공무원스럽게 행동하자. 공무원 신조가 뭐야?
나대지 말자! 응? 가만히 있으면 중간은 간다! 뭐 그런 거.

민재
저 그래서 가만히 있는데요, 지금?

군데군데 문이 닫힌 가게들. 곳곳에 붙어 있는 경고문.
'이 건물은 재개발 분쟁조정 지역으로 지정되어 소송 중에 있으므로 엉업 빙해를
야기하는 일체 무려행사를 금지힌디. (후략) 명진구성'

그 앞에 가만히 서 있는 민재. 혜정과 몇몇 상인들이 다가와서 민재에게 인사를 한다.

혜정
고맙습니다.

민재
제가 뭐 한 게 있나요.

민재, 어딘가를 돌아보고, 혜정도 그 시선을 따라간다.
둘의 시선이 머문 곳은… 옥분 수선집. 여전히 '임시 휴업' 팻말 붙은.

옥분(소리)
하우 아 유?

65. 노인병원 정심의 입원실 / 오후

옥분
하우 아 유, 정심?

아이에게 까꿍 하듯 정심 얼굴 앞에 대고 인사하는 옥분.
정심, 전보다 더욱 여원 모습으로, 옥분을 멀뚱히 보기만 한다.
정심의 옆에 물에 담긴 채 놓여 있는 정심의 틀니를 바라보는 옥분.

옥분
이가 다 망가지도록 그렇게 이를 부득부득 갈더니…
이게 뭐냐 정심아. 오래오래 살아서 그놈들 무릎 꿇는 거 봐야 한다며…

죽겠다는 사람 살려놨으면 니가 나보다 더 멀쩡해야지…

문이 열리자 감정을 추스르는 옥분. 들어오는 이는 금주다.

금주

… 이젠 저도 잘 몰라보세요.

옥분

다른 거도 아니고 그 일을 기억 못하면 어쩌나.

금주

(뭔가를 건네며)
며칠 전에 갑자기 정신이 들어 오롯하실 때
옥분 할머님 오시면 드리라고…

편지를 받는 옥분. 살짝 펼쳐보면, 금세 눈가가 촉촉해진다.
그때 병실 앞으로 걸어와 인사를 하는 최 기자.

최 기자

안녕하세요. 할머님? 나옥분 할머님 맞으시죠?

옥분

(어리둥절한)
아, 예… 근데 뉘신지…?

금주

(당황해서)

이렇게 불쑥 찾아오시면 어떡해요?
아직 할머니께 아무 말씀도 안 드렸는데…

최 기자

그래서 온 거예요. 제가 직접 뵙고 부탁드리려고.

금주

저희 쪽에서 아직 의견 조율이 되지 않았…

최 기자

(말 자르며)
어차피 결정된 사안인데 한 번은 거쳐야 할 관문 아닌가요?

금주

그래도 이건 예의가 아니에요. 일단 저랑 나가서…

옥분

이봐. 둘이서만 지금 무슨 얘길 하는 거야?

금주

아… 그게 저…

최 기자

(명함을 꺼내 주며)
저는 공정일보 최현욱 기자라고 합니다.
(명함을 받아든 옥분)
기자로서라기보다는 HR121 연대의 일원으로 왔습니다.

할머니 HR121 연대에 대해서 들어보셨나요?

금주
최 선배!

옥분
그냥 둬. 어차피 이제 더 숨을 생각도 없어.

전에 없이 단단해 보이는 옥분의 얼굴.

66. 몽타주

– 봉원시장 진주슈퍼

옆 가게
진주댁!! 이거 봤어?

옆집 가게 주인 호들갑스럽게 문을 열고 들어와서 신문을 보여주면,
'미 하원 위안부 청문회 열린다. HR121 연대(미국 하원 일본군 '위안부' 사죄 결의안 채택을 위해 결성된 국제적 연대)의 노력 결실'이라는 기사.
그 옆에 옥분의 사진과 함께, '청문회에 증인으로 참석하는 나옥분 할머니,
일제 만행 사죄받는 계기가 됐으면…'이라는 기사.
휘청, 기사를 보고 충격을 받은 듯한 진주댁.

인서트:

미 하원 '위안부' 청문회 드디어 열린다

'HR121 연대의 노력 결실'

– 봉원시장 상가 번영회

머리를 맞대고 신문을 보고 있는 중국집 사장과 건어물집 사장.

역시 심각한 표정으로 신문을 보는 혜정.

– 당구장

자장면을 먹으며 당구 치던 빡빡이 이하 용역들.

TV 뉴스 화면에 옥분의 얼굴을 보고, 어디서 봤더라… 하는 빡빡이.

아영(소리)

박 주임은 알고 있었어요?

67. 명진구청 종합민원실 사무공간 / 낮

인터넷 뉴스를 보고 충격받은 민재의 눈치를 보고 있는 아영.

민재 앞에 놓인 핸드폰 화면 메시지. 영재다. '형, 뉴스 봤어?'

멘붕 상태의 민재에겐 아무것도 들리지 않는다.

충격은 이내 (옥분에게 상처를 준) 자책감으로 번져… 괴로운 민재.

68. 야산 묘지 앞 / 오후

충청도 어느 야산. 봉분 하나 딸랑 있는 외로운 묘.

낫으로 무덤에 자란 잡초를 베고 있는 옥분의 모습이 보인다.

옥분

엄마. 죽을 때까지 꽁꽁 숨기고 살라고 했는데…

엄마랑 그렇게 굳게 약속했는데…

잡초 정리를 마치고, 검은 비닐봉지에서 막걸리 한 병을 꺼낸다.

옥분

이제 엄마랑 한 약속… 못 지켜. 아니, 안 지킬라구.
돌아가신 엄마보다 정심이가… 정심이보다 내가… 더 중하게.

막걸리를 무덤에 뿌린다.

옥분

(서운한 듯)

왜 그랬어? 왜 그렇게 망신스러워하고, 아들 앞길 막을까 봐
전전긍긍 쉬쉬하고…

무덤 옆에 털썩 주저앉는 옥분. 눈물이 터진다.

옥분

(눈물을 뚝 흘리며)

부모 형제마저 날 버렸는데 내가 어떻게 떳떳하게 살 수가 있어? 불쌍한 내
새끼, 욕봤다… 욕봤어… 그 말 한 마디만 해주고 가지. 그리고 가지…!!

원망스러운 듯 무덤을 손으로 치며 흐느끼는 옥분.
옥분의 울음이 한참 이어진다.

69. 봉원시장 거리 / 밤

오랜만에 동네에 돌아온 옥분. 맞은편에서 진주댁 걸어온다.
옥분, 진주댁을 발견하고 반가운 마음에 손을 흔드는데…
진주댁, 옥분을 외면하고는 옆 골목으로 들어가버린다.
진주댁의 반응에 얼어붙은 옥분. 애써 담담한 척 다시 걸음을 옮긴다.

70. 봉원시장 옥분의 수선집 / 밤

며칠 비웠던 탓에 여기저기 청소하는 옥분.
인기척이 들려 돌아보면, 문 앞에 서 있는 민재.
여전히 죄스러운 민재, 어떻게 얘기를 꺼내야 할지 모르다가… 애써… 밝은 표정으로

민재

(손을 들며)

하우 알 유?

대답 대신 빤히 민재를 바라보는 옥분.
뻘쭘한 민재, 손을 내리며… 몸둘 바를 모르는데…
옥분이 한 걸음 다가와서

옥분

밥은 먹었는가? 내 집을 며칠 비워서 찬거리가 없는디…
잠깐만 기다리면.

민재

(그 말에 바로 무너져 내리며)

할머니 죄송해요. 정말… 죄송해요.

옥분

아니다. 민재 네가 죄송할 게 뭐 있어.

민재

죄송합니다. 죄송합니다.

민재의 '죄송합니다'는 중의적인 느낌이다.
민재를 꼬옥 안아주는 옥분.

71. 봉원시장 옥분의 집 안방 / 밤

벽장을 열고 낡은 상자를 꺼내는 옥분.
오래된 일기장을 펴서 그 안에 꽂힌 사진을 꺼내는 옥분.
옥분이 건넨 사진을 받아든 민재. 13세 소녀 두 명(어린 옥분과 정심).
(만주에 도착한 직후, 위안소에 들어가기 전 찍은 사진)

옥분

잊고 싶은 과거지만… 나는 그 사진을 버리지 않았다.
잊으면 지는 거니께…

민재, 무거운 마음으로 옥분을 보면…

옥분

60년 넘게 아무한테도 안 보여줬던 사진인데…

너한테 이 사진을 보여주는 것만으로 이상하게도 마음이 후련타.

뭉클한 민재의 시선을 따라 사진 위 두 소녀를 잡으면,

옥분(소리)

정심이는 나를 살린 친구여.

72. 과거 회상 몽타주

#. 만주 위안소 앞

허름한 건물 앞에 길게 늘어선 일본군들. 낄낄대며 즐거운 모습.

갑자기 위안소 문을 열고 비명을 지르며 뛰쳐나오는 13세 옥분.

저고리가 온통 피로 물들어 있다. 그런 옥분을 따라 나오는 일본군 하나.

속옷 하나만 달랑 입은 채로 손에 피 묻은 단도를 들고 있다.

잽싸게 뛰어와 옥분의 머리채를 거머쥐는 일본군.

옥분, 일본군에 의해 다시 위안소 안으로 끌려가며 도와달라고 소리친다.

하지만 지켜보며 낄낄거리기만 하는 일본군들.

#. 위안소 방 안 / 밤

온몸이 온통 멍투성이인 어린 옥분,

대야를 엎어놓고 올라가 천장에 옷을 찢어 만든 고리에 머리를 들이민다.

문을 부수듯 열고 안으로 들어오는 13세 어린 정심.

재빨리 옥분의 몸을 안아 올리며 목이 졸리지 않도록 막는다.

발버둥을 치는 옥분. 그 바람에 낡은 끈이 끊어지며 옥분과 정심, 함께 바닥에 나

아이 캔 스피크

180

뒹군다. 옥분, 숨이 막혀 캑캑대더니 분노에 찬 표정으로 정심을 깔고 앉아 멱살을
잡고 흔들며,

옥분

왜 죽지도 못하게 해! 왜? 난 죽는 것도 내 맘대로 못허냐?
내 목숨 하나 정도는 내 맘대로 허면 안 되냐구!

정심

동생이 기다린다며. 동생 신발 사 갖고 가야 한다며!

옥분

…

정심

고향으로 돌아가서 가족들이랑 다시 예전처럼 살고 싶다며…!!

옥분

(서서히 눈물이 고이는)

정심

그러려면 살아야지… 어떻게든 살아야지!!

옥분, 무너지듯 정심의 품에 안긴다.
서로를 껴안은 채 엉엉 울어버리는 13세 소녀 옥분과 정심.

#. 위안소 뒷마당 / 낮
어디선가 폭격 소리가 들리고, 천에다 수를 놓아 손수건을 만드는 옥분과 정심.

아이 캔 스피크

182

정심

나는 왜 너처럼 예쁘게 안 되지?

옥분

다 하면 내꺼 너 줄게.

정심

정말?

옥분

응. 대신 네가 만든 건 나 줘.

정심

좋아. 이 손수건 줄 테니까 앞으로 울고 싶은 일 있을 때는
여기다 다 닦아내고 힘내기! 알았지?

옥분

알았어. 너두!

정심

응. 약속!

서로 손가락을 거는 옥분과 정심. 간만에 두 사람 얼굴에 피는 미소.

옥분

집에 오면 다 끝날 줄 알았는데… 아니더라.

엄마도 아빠도… 무엇보다도 내 동생이 날 부끄러워하는 게 견딜 수 없었어.

그래서 그 길로 집을 나왔어.

나는 부끄러워서 60년 동안 꽁꽁 숨어 살았는데…

정심이는 여기저기 열심히 다니면서 증언을 했지.

한번은 정심이가 나고야에 갔는데 통역하는 사람이 우리가

쌀밥 먹고 싶어서 위안부로 기어 들어갔다고 전혀 딴판으로 통역을

해놨더란다. 그때부터 정심이는 죽어라 열심히 영어를 공부했어.

우리가 겪은 일을 전 세계 사람들한테 제대로 전달하겠다고.

옥분, 민재에게 영어로 적힌 종이를 내민다.

옥분

이게 정심이가 청문회에서 하려던 말이다.

몇 년 전 정심이가 정신 오락가락할 때부터…

나는 예감하고 있었는지 몰라.

언젠가는 정심이 대신 내가 해야 할 일이 생길 거라고.

그래서… 영어를 배운 거다.

정심이 쓴 글을 보며 뭉클한 민재.

옥분

박 주임아. 나 마지막으로 한 번만 도와줄 수 없겠니?

민재, 옥분을 물끄러미 바라보다가 오히려 더 미안해진다.

74. 봉원시장 옥분의 수선집 앞 / 밤

옥분, 가게 안에서 나오던 진주댁과 딱 마주친다.
진주댁, 지난번과 마찬가지로 옥분을 외면하며 가게 안으로 들어가버린다.
옥분, 섭섭한 표정으로 지나가려다가

75. 봉원시장 진주슈퍼 안 / 밤

들어와 진주댁을 부르는 옥분.

옥분

이봐, 진주댁!
(진주댁 보면)
진주댁, 요즘 왜 나 피하는 거야?

진주댁

… 제가 언제요…?

옥분

이것 봐, 지금도 내 눈 피하고 있잖아.

진주댁

…

옥분

… 나같이 험한 과거를 가진 년하고는 친구 하고 싶지 않아서 그러는 거야?
그래?

진주댁

그게 무슨…

옥분

그런데 왜 그러는 거야? 길에서 마주쳐도 모른 척하고.

진주댁

(시뻘게진 눈)

서운해서 그랬어요! 서운해서! 몸살이 날 정도로 서운해서!!

옥분

!!

진주댁

제가 요 며칠 얼마나 형님이 괘씸했는지 알아요? 형님하고 내하고
지난 세월이 얼마냐구요! 근데 내한테는 요만큼도 얘기 안 하고.
미리 귀띔이라도 줬으면, 내가 어떻게든 뭐라도 도왔을 수 있잖아요.

옥분

(눈가에 서서히 눈물이 고인다)

진주댁

제가 그렇게 못 미더웠던교? 제가 형님 속창아리도 못 봐줄 만큼
그렇게 얼뜨기로 보였던교?

옥분

(고개 가로저으며)

아니야. 내가 그동안 자네 덕분에 얼마나 위로를 받고 살았는데…

진주댁

그런데 왜 그랬어예…? 그동안 그 마음이, 마음이 아니었을 건데
형님 누가 손만 대도 질색하고 싫어했던 거… 그게… 어휴…
(가슴팍을 치며)

난 그런 줄도 모르고 그동안 어찌나 서운했는지…
내가 얼마나 억장이 무너졌는지…

옥분
미안해… 진주댁… 정말 미안해.

진주댁
(다가와 옥분의 손을 잡으며)
으이구… 모진 양반… 진즉에 얘길 하지…
그 긴 세월을 혼자서 얼마나 힘드셨으까… 아프고 쓰렸을까…

말없이 옥분을 꼬옥 안고 등을 토닥여주는 진주댁.
옥분, 진주댁 품에 안겨 조용히 눈물을 흘린다.

아이 캔 스피크

76. 민재의 집 거실 / 밤

자장면, 탕수육이 놓인 식탁. 말없이 먹기만 하는 형제.

영재

7급 합격 축하해. 대단하다. 한 번에 뚝딱 붙어버리네?
나도 대학 한 번에 붙을 수 있으려나.

피식 웃는 민재.

영재

축하 파틴데… 술이 없어 허전하네.
고량주라도 하나 사 올까?

민재

이게 죽을라고.

영재

지난주에 백일주도 마셨다 뭐.

민재

나 안 보는 데서 마셔. 내 눈앞에선 안 돼.

영재

꼰대…
내 친구 형들은… 이렇지 않던데.

민재

(그런 말 들으니 서운하다)

··· 그건···

영재

(민재의 서운함이 전해진 듯)

형아야, 혹시라도 나 대학 떨어져도···

형 하고 싶은 거 하며 살아···

민재

걱정 마, 너 고등학교만 졸업하면 나도 내 삶을 살 거다.

7급 되면 국비 유학도 가능해.

영재

그럼 나 혼자 집 쓰는 거야? 아싸···

민재

대신 월세도 네가 내야지.

영재

안 돼! 전세로 바꾸기 전엔 형 아무 데도 못 가!

77. 몽타주

#. 사진관
카메라 앞에서 여권 사진을 찍는 옥분.
오늘따라 단아하고 고운 옥분의 모습. 카메라 플래시 번쩍!!!

#. 명진구청 민원과
옥분의 사진이 여권에 붙어 있다.
여권과 직원에게 막 발급받은 여권을 옥분에게 건네는 민재.

#. 명진구청 휴게실
민재를 포함한 구청 사람들 앞에서 영어로 연설을 하는 옥분.
옥분의 일취월장한 영어 실력에 박수를 보내는 민재와 사람들.
뿌듯한 민재.

#. 진주슈퍼 앞
평상. 옥분 앞에 놓인 (시장 사람들이 준비한) 선물 꾸러미.
진주댁이 하나하나 설명해준다.
"이건 통닭집이 준 사골, 이건 건어물이 준 한약…."
옥분, 돌아보면, 시장 거리, 각자의 가게 안에서 얼굴을 삐쭉 내밀며 보고 있던 상인들이 쑥스러운 미소를 짓거나 쓱 숨는다.

옥분 수선집 앞
문을 열려는데 문틈에 끼워진 흰 봉투.
옥분, 뭔가 싶어 열어보면 봉투에는 달러 지폐 몇 장과 손 편지가 들어 있다.
지난번 일에 대해 사과하는 족발집 혜정의 편지다.
옥분, 족발 가게를 돌아보면, 옥분을 지켜보고 있던 혜정이 딴청 피우듯 돌아섰다

가 이내 다시 옥분을 향해 문을 열고 정중하고 허리 굽혀 인사를 한다.
옥분, 용서의 미소를 보낸다.

78. 봉원시장 옥분의 수선집 / 밤

탁자에 놓인 연습용 원고. 그새 손때가 많이 묻어 있다.
영어 단어들 아래 한글로 발음이 적혀 있고, 빨간 펜으로 (민재가) 첨삭하고 띄어
쓰기 표시한 부분이 보인다. 그 종이를 바라보는 민재의 표정.

옥분(소리)

이거 한번 봐라.

민재, 보면, 옥분이 옷걸이에 걸린 회색 남성용 정장을 들고 있다.

민재

그거 뭐예요, 할머니?

옥분

너 면접 갈 때 입어라. 내가 직접 만들었다.

민재

!!!!

옥분

나 젊었을 때 양장점 내려고 했었던 거 모르지?
(옷걸이에서 재킷을 빼며)

혼방 아니다. 백 프로 울. 제일모직 꺼.

(감동)

할머니!!!

민재에게 직접 재킷을 입혀주는 옥분.

옥분

잘 맞네. 전에 네 옷 수선해줄 때 사이즈 재놓은 걸로 했거든.

민재

이게… 핏이… 참…

옥분

넉넉하니 좋지? 어깨도 넓어 보이고.

슬림핏이 아닌… 여유로운 핏의 자켓.

민재

바지는… 배바진가요?

79. 인천공항 외부 / 저녁

출국 층 외부.

80. 인천공항 출국 게이트 앞 / 저녁

바쁘게 오가는 사람들 구경하느라 고개가 이리저리 돌아가는 옥분.
금주가 옥분 곁에 있고, 민재, 영재, 진주댁이 배웅한다.

옥분
(영재를 보며)
넌 공부 안 하고 여길 왔어?

영재
이런 게 진짜 역사 공부예요, 할머니.

진주댁
(눈 흘기며)
가게 맡기고 온 저는 뭔교?

옥분
아이고, 우리 진주댁. 내 미국 가서 쵸콜렛 사다줄게.

진주댁
하이고, 우리 가게에 널린 게 쵸콜렛인데…
(안아주며)
몸 성히만 다녀오셔요, 형님.

민재
(시크하게)
잘 다녀오세요, 할머니.

옥분

너도 면접 잘 봐라, 그 양복 입고 가면, 꼭 붙을 거다.

최 기자가 나타나서 옥분에게 정중하게 인사를 한 다음 금주에게

최 기자

121 연대 미국 지부에서 공항으로 나올 거야.

금주

고마워요, 선배.
(옥분을 보며)
이제 가셔야겠어요, 할머니.

옥분

나 키미테 붙였으니께, 멀미 괜찮겠지…?!

민재

운전기사한테 잘 말해뒀어요. 천천히 가달라고.

영재

할머니 파이팅!!

손자들^^의 응원을 뒤로하고 출국장에 들어가는 옥분. 벌써 긴장이 시작되는 모습.
그런 옥분을 바라보는 민재.

81. 미국 워싱턴 / 승합차 안

여권에 쾅 하고 찍히는 미국 출입국 도장.

CUT TO.
워싱턴 D.C.의 랜드마크인 워싱턴 모뉴먼트가 보이는 넓은 전경.

CUT TO.

승합차를 타고 이동하는 옥분의 눈에 보이는 낯선 땅의 모습.

옥분

금주 선생.

금주

네.

옥분

여기서 엘에이가 많이 먼가?

금주

로스앤젤레스요?

옥분

아니 말고, 엘에이.

금주

(웃으며)

네, 엘에이. 아마 비행기로 네다섯 시간은 걸릴걸요?
왜요? 거기 누구 아는 분이라도 있으세요?

옥분

아녀. 그냥 궁금혀서…

다시 창밖으로 시선 던지는 옥분.

아이 캔 스피크

82. 기사식당 내부 / 낮

민재, 아영, 종현이 점심 식사 중.

종현

7급 되면 다른 곳으로 발령받는 거지?
월급은 얼마나 오르나?

민재

쑥스럽게 왜 그러세요? 면접에서도 탈락해요.

아영

난 박 주임을 처음 봤을 때부터 여기 오래 머무르지 않을 사람이라는 걸
예감했었죠. 그래서… 마음을 열지 않았어요. 내가 마음을 열었다면…
당신은 7급 시험을 포기했겠죠. 당신의 미래를 위해…
차가운 척했던 나를 용서해줘요.

민재

왜 그런 말씀을…?

아영

(자조적으로)

왠지 이런 대사를 쳐야 할 것 같아서…

종현

어?

종현이 가리키는 TV 뉴스 화면.

앵커

미국 워싱턴에서 진행 예정이었던 일본군 '위안부' 관련 청문회가
중단될 예정이라는 안타까운 소식입니다. 일부 증인들의
자격을 문제 삼은 일본 측의 이의 제기 때문인데요.

민재의 놀란 표정.

83. 워싱턴 호텔 비즈니스 룸 / 오후

양복 입은 50대 한국 남자, 창가에서 심각한 표정으로 서성인다.

자막: HR121 Coalition 미국 지부 이동석 간사.
근심 어린 표정으로 둘러앉은 옥분, 금주, 한인 관계자들.

금주

나쁜 새끼들…

이동석

저희 불찰입니다. 그동안 저쪽에서 수단과 방법을 가리지 않고 청문회를
저지하려고 했던 것을 보면… 더 치밀하게 대비를 했어야 하는데…

옥분

아닙니다… 내 잘못입니다. 괜한 고집을 부려가지고…

이때, 울리는 금주의 전화벨 소리.
전화를 받은 금주, 옥분에게 핸드폰을 건넨다.

CUT TO.
옥분과 민재의 전화 교차.

민재

할머니, 어떻게 된 거예요?

옥분

(심호흡)
… 정심이가 그렇게 신청 해라 해라 그랬었는데,
그게 지금 발목을 잡는구나.

민재

뭐요? 무슨 신청이요?

옥분

나라에서 예전에 위안부 확인절차 신청을 받았는데,
난 그걸 숨기겠다고 안 했지… 그래서 내가 위안부였단 자료가 없단다.
우리나라에서도 증명할 수 없는 나를 어떻게 딴 나라 청문회에
증인으로 세우냐고…

민재

그게 무슨 말도 안 되는…

옥분

… 내 알량한 자존심 때문에… 큰일을 그르쳤다, 내가.

84. 명진구청 계단 / 오후

운동 소모 칼로리 표시된 계단을 내려오는 양 팀장.
거머리처럼 바짝 붙어서 따라가는 민재.

양 팀장

음… 그거 몇 년 전에 기간제 접수받았던 건데.
작년부턴가 수시접수로 변경됐을 거야.

민재

지금 신청하면요? 어떻게 빨리 좀.

양 팀장

박 주임. 그게 공무원 입에서 나올 말이야? 신청한다고 뚝딱 바로 해주겠어?
내 기억으론, 못해도 검증절차 거쳐서 한 달은 걸렸던 거 같은데?

민재

사흘 안에 되게 해야 해요.

양 팀장

그렇게 절차 좋아하는 사람이 왜 이래?! 절차대로 서류 접수해.

민재

구청장님이랑 얘기할게요.

양 팀장

나는 핫바지냐?

민재

그런 느낌이 없지 않아요.

(양 팀장을 제치고 가버린다)

양 팀장

(민재의 뒤에 대고)

구청장님이 이제 너 싫어해.

85. 명진구청 구청장실 / 오후

굳게 닫힌 청장실 문 앞에 선 민재.

86. 명진구청 종합민원실 / 오후

민원실로 뛰어 들어오는 민재.

민재

명진구청 여러분! 도깨비 할머니를 도와주십시오!!

화들짝 놀라 민재를 보는 동료들.

CUT TO.

민원실 창구 안이 아닌 바깥쪽에 나란히 서서 수십 장의 민원 신청서를 작성하고
있는 아영과 종현, 그리고 울상을 하고 있는 양 팀장. 민재는 통화 중이다.

민재

너 지금 어디야?

영재(소리)

어디긴, 학원이지.

민재

야, 박영재! 학원은 무슨 학원이야?

87. 피씨방 내부 / 오후

통화 중인 영재.

영재

그래, 뭐 형이 그러라면…

화면 사이즈 넓어지면, 피씨방이다.
게임하는 사람들 사이에서 결연한 얼굴로 앉아 있는 영재.
영재와 같은 교복을 입은 친구들 셋이 함께 있다.
손가락을 푸는 세 고딩.

88. 몽타주

- 빠르게 키보드를 누르며, 인터넷 게시판에 글을 올리는 영재.

아이 캔 스피크

- 거리에서 대민홍보전을 벌이는 민원실 민재, 아영, 종현.
'나옥분 할머니를 아시나요?'란 제목의 전단을 시민들에게 나눠주고 있다.

- 미국 / 호텔. 카메라 앞에 긴장한 표정으로 앉아 있는 옥분. 금주가 촬영 중이다.

- 시장 사람들과 구청 동료들이 옥분 동영상을 보며 계속 공유하기를 눌러댄다.
인터넷에서 퍼져가는 동영상.

89. 스크린 골프장 내부 / 오후

부드럽게 예비 스윙을 하는 구청장.
집중하고 힘을 모아 힘차게 스윙을 하는 찰나

민재(소리)
청장님!

흠칫 놀라 스윙이 망가지고, 공은 벙커에 떨어진다.
스크린 위 여자 캐디의 음성.

스크린 여캐디
어머, 벙커에 빠졌군요!

구청장
아이 씨!
(하며 보면)

민재가 서 있다.

민재

업무 시간에 여기에 계시면 어떡합니까?

구청장

내가 있는 곳이… 곧 집무실이야.
(표정 확 바뀌며)
박 주임 당신 땜에 내가 청장실에 못 있어!
안 되는 건 안 되는 거니까 그만 좀 귀찮게 해.

민재

다 청장님을 위해서입니다.

구청장

???

민재

지금 나옥분 할머니 위안부 확인절차 문제는
국민적 관심사가 되고 있어서 결국은 승인 나게 돼 있습니다.
누가 주도하느냐의 문제만 남았죠.
구청장님이 머뭇거리시면, 다른 이가 나서게 돼 있습니다.
국회의원? 서울시장? 여성부 장관? 다들 자기가 나서서
이 문제 해결하고 주목받을 기회를 엿보고 있을 겁니다.

구청장

…

민재

청장님, 다음엔 국회의원 노리고 계시는 거 압니다.

그렇잖아도 당 갈아타서 철새라고 정체성 의심받으시는 마당에,

이번 일 주도적으로 처리하시고 확실한 임팩트 주면서 중앙무대에

이름 알리는 거 나쁘지 않습니다.

(제갈량 같다)

이런 천재일우의 기회를 놓치실 겁니까?

솔깃한 구청장,

CUT TO.

서류 위에 찍히는 구청장 직인.

CUT TO.

관할 구청장 직인을 시자으로, 각종 관할 단체장 직인이 연달아 찍히는 모습.

90. 명진구청 종합민원실 계단 / 낮

최종 승인된 옥분의 '위안부' 확인서류가 민재의 손에 들려 있다.
서류를 바라보는 민재의 비장한 표정.

91. 워싱턴 호텔 객실 안 / 밤

금주 / 민재 통화.

                    민재(소리)
            할머닌 괜찮으세요?

                    금주
        음식을 잘 못 드세요. 물갈이를 하시는 건지…
            한국식당에서 먹었는데도.
        … 장거리 여행은 처음이셔서… 허리가 많이 안 좋으시고…

금주 시선으로 보이는 침대에 기댄 옥분. 며칠 새 기력이 없어 보인다.

92. 민재의 집 거실 / 낮

핸드폰 통화를 하는 민재의 근심 어린 표정.

                    민재
            워싱턴에도 한의원은 있을 거예요.

거기서 침이라도 맞게 하세요.

93. 워싱턴 호텔 객실 안 / 밤

통화를 마친 금주.

옥분
그런 얘길 왜 해? 민재 걱정하게.

기력 없지만, 희미한 미소를 띠는 옥분.
금주, 다가가서 옥분의 손을 꼭 잡으며.

금주
확인서 발급됐대요.
다 왔어요. 우리 조금만 더 힘내요 할머니.

94. 명진구 관공서 로비 / 오전

'국가공무원(7급) 면접시험 장소'란 안내문이 붙어 있는 문.

95. 명진구 관공서 면접대기실 / 낮

다른 지원자들과 함께 대기 중인 민재. 옥분이 만들어준 양복을 입었다.
꽤 긴장한 민재, 목덜미를 만지다가 무심코 내려온 손이 가슴팍에서 멈춘다.

양복 안주머니에 손을 넣는 민재. 뭔가 잡힌다.

이게 뭐지? 하며 꺼내보는 민재. 민재의 손에 들린 것은…

(합격 기원) 부적.

민재, 웃음이 터지다가 이내 가슴이 뜨거워진다.

96. 명진구 관공서 면접실 / 오전

면접관들 앞에 선 민재.

면접관 1
9급 공무원으로 근무하는 중에 7급 필기시험에 합격했네요.

면접관 2
시험공부 하느라 자기 업무 소홀히 한 거 아니에요?

살짝 당황한 민재. 정작 면접관은 대답을 들으려고 질문한 것 같지도 않다.

면접관 3
(지원서류를 보며)
가족은 동생 한 명이 단가요? 고등학생?

민재
네, 가족은 동생 하나…

그러다 문득, 멈칫하는 민재의 얼굴.

민재

아니, 한 명 더 있습니다.

97. 명진구 관공서 면접대기실 / 낮

벽에 붙은 타임 테이블.

'1차 개별면접 (10:00 - 12:00), 2차 토론면접 (13:00 -)'

민재, 핸드폰으로 모바일 뉴스를 본다.

인서트. '속보, "日 나옥분 할머니 위안부 확인서 인정할 수 없어"'

민재, 클릭해보면, "확실한 물증 없이 정치적 목적으로 급조된 확인서"

"내일 열리는 청문회에서 채택 여부 관심" 등의 기사.

뉴스를 보며 걱정스러운 민재의 표정.

98. 명진구 관공서 토론 면접실 – 로비 / 낮

칠판에 적힌 토론 주제 '개인의 권리와 공익의 충돌'
4명의 지원자들이 진지하게 토론에 임하고 있다.

지원자 1

대리인 이론, principal-agent-theory라는 게 있죠.

'굳이 영어로 한 번 더 얘기하는 저 허세!' 하듯 바라보는 지원자 2.

지원자 1

대리인이 주인의 이익을 충실하게 대변하지 못하는 대리인 문제가
발생하는 단점이 있습니다. 공무원도 마찬가지입니다.
… (중략) 어쩌고저쩌고

암튼 욜라 유식한 척하는 지원자 1.

지원자 2

공무원이 지켜야 할 덕목 가운데 하나로 '중립'이 있습니다.
중립! 공자는 논어에서…

그들이 못마땅해서인지, (아까 봤던 뉴스로 인한) 불편한 마음 때문인지 굳은 표정
의 민재. 모두의 시선이 자신에게 몰려 있을 때, 정신 차리고 입을 떼는 민재.

민재

"우리는 자랑스러운 대한민국의 공무원이다!"
공무원 헌장 첫 문장입니다. 여기서 '자랑스러운'이 수식하는 단어는

대한민국일까요, 공무원일까요? 저는 후자라고 생각했습니다.
여러분은… 본인이 공무원이라는 사실이… 자랑스러우신가요?

준비된 멘트 같은 느낌.

민재

'공무원 같다'라는 말이 우리나라에서 어떤 의미입니까?
복지부동… 철밥통…
앞의 분들, 다 일리가 있는 말씀 하셨습니다.
(지원자 2를 보며)
중립, 좋은 말이죠! 그런데 실제 공무원 사회에서는 어떻습니까?
가만히 있으면 중간은 간다. 그거잖아요. 괜히 긁어 부스럼 안 만들려고
가만히… 윗사람한테, 상위 관청에 무슨 소리 들을까 봐 가만히…
(지원자 1을 보며)
대리인… 그렇죠. 우린 국민에게 봉사하는 대리인이죠.
하지만, 때론 그 핑계로 숨어버리곤 하죠. '내 일 아니다!'
(작정하고 내뱉는다)
우리 솔직히 까놓고 얘기해봅시다.
단 한 번이라도… 남의 불편을, 고통을…
내 일이라고 생각해본 적 있습니까?

술렁이는 지원자들.

민재

내 일이었으면… 내 가족의 일이었으면…
그렇게 하지 않았을 겁니다!
(입술을 깨물며)

iCanSpeak

우리들이… 다른 이의 고통을 내 일처럼 생각했으면…
가만히 있지 않고 행동했으면 바뀌었을 일이 얼마나 많았습니까?

뭔가 생각에 빠진 민재, 한동안 말을 잇지 못하다가…

민재

(모두를 둘러보며)

다들… 자기 자리에 '가만히 계세요.' 늘 그래왔듯이.

저는… 일어설게요.

(벌떡 일어선다)

내가 아니면 안 되는 일이 있어서요.

민재, 거침없이 나가버린다.
황당한 사람들. 지원자 2, '저거 설정인가?'

99. 봉원시장 거리 / 낮

사람들을 헤치고 급히 달려오는 민재.

100. 봉원시장 옥분의 집 안방 / 낮

민재, 벽장을 열고 옥분의 일기장 안에서 씬 71의 사진을 꺼낸다.

101. 워싱턴 미 하원 레이번 빌딩 앞 / 오후

자막: 미국 워싱턴 D.C. 미 하원 레이번 빌딩

상기된 표정으로 차에서 내리는 옥분.
각국 방송사의 카메라 플래시 터지자 긴장하는 옥분.
한, 일 언론 및 AP통신 등 세계 각국의 언론인들이
손 꼭 잡은 옥분과 미첼을 촬영하기 바쁘다. 이동석
과 한인 관계자가 앞서가고, 금주가 옥분과 미첼 할
머니의 양옆을 지키며 걸어 들어간다.

아이 캔 스피크

iCanSpeak

102. 미 하원 레이번 빌딩 청문회장 복도 / 오후

언론과 참관인들이 모여드는 가운데 한쪽에 긴장한 채 서 있는 옥분.
다가온 금주가 건넨 작은 상자를 열면, 우황청심환.

옥분

(청심환을 입에 넣으며 중얼거린다)

정심아. 나 잘할 수 있겠지? 너 대신 잘해야 하는데…

자신을 쏘아보는 시선을 느끼고 고개를 돌리는 옥분.
보면 복도 끝에 선 채 옥분을 노려보는 일본 측 관계자들.

금주

(주눅 든 옥분에게)

일부러 그러는 거예요. 신경 쓰지 마세요.

103. 미 하원 레이번 빌딩 청문회장 안 / 오후

한인들과 각국 사람들로 구성된 방청객들. 웅성거리며 앉아 있다.
의원석에 앉은 미 하원의원들 틈에서 대치하듯 서로를 주시하는 사토 의원과 공화
당 의원.
역시 긴장된 표정으로 옥분의 뒤 방청석에 앉아 지켜보는 한인 관계자들.
일본 로비스트 1, 2 역시 방청석 한쪽에 앉아 빈정대는 표정으로 지켜보고 있다.
미첼 할머니만 증인석에 앉아 있다.
옥분은 미첼의 뒤쪽에 앉은 채 긴장된 표정으로 두 손을 모으고 있다.
이내 의장이 단상으로 올라서 마이크를 잡고 개회 선언한다.

의장

(영) 일본군 '위안부' 사죄 결의안 채택을 위한 청문회를 개회합니다.

하며 탕탕탕! 의사봉을 내려치는 의장.

인서트. 경호원들이 청문회장 문을 굳게 닫는다.

104. 미 하원 레이번 빌딩 청문회장 안 / 오후

이미 시작된 청문회. 미첼 할머니가 증언 중이다.

미첼

(영) 수십 명의 일본군들이 방 앞에 줄을 섰어요. 매일같이 똑같은 공포가 반복되고, 또 반복됐습니다. 추해 보이면 더는 남자들이 원하지 않을 것 같아 머리카락을 모두 잘라냈지만 오히려 호기심의 대상만 됐을 뿐입니다. 일본군들은 만약 이 일을 밖에 나가 얘기하면 죽여버릴 것이라고 협박했어요. 우리에겐 아직 전쟁이 끝나지 않았습니다. 일본인들은 우리가 죽기만을 기다리고 있지만 나는 죽지 않고 살아서 아시아 종군 '위안부'들이 일본 정부로부터 사과와 보상을 받을 수 있도록 투쟁을 계속할 것입니다.

하원의원

(영) 일본 정부는 '위안부'를 민간업자들이 자발적으로 모집했다고 주장하던데 혹시 돈을 위해 스스로 '위안부' 일을 선택하신 것 아닙니까?

미첼

(영) 제 꿈은 수녀였습니다. 그런 제가 왜 스스로 매춘의 길을 택했겠습니까?

아이 캔 스피크

226

하원의원

(영) 일본에서 제출한 기록에 의하면 당시 '위안부'들은 일본군 장교들보다
오히려 좋은 대우를 받았다는데요?

미첼

(영) 말도 안 되는 소리입니다! 그들은 저를 개만도 못하게 취급했어요.
때리고 감금하고… 그리고 얼마 되지 않은 돈마저
이런 명목 저런 명목으로 갈취했습니다.

격양된 목소리로 반론을 제기하는 미첼 할머니.

분함에 목소리가 떨리고 눈에 눈물이 그렁그렁하다.

생각보다 살벌한 청문회에 사색이 된 옥분.

현기증이 나는지 주춤하며 주저앉는 미첼 할머니.

차분히 통역을 통해 얘기를 듣는 옥분이 주먹을 꼭 쥔 채 차마 말은 못하고
눈을 감는다.

옥분의 주먹 쥔 손에 정심의 손수건이 보인다.

미첼 할머니의 상태에도 별 반응을 보이지 않는 미 하원의원들.

일본 측 관계자들, 의원들의 심드렁한 반응에 은밀한 미소를 짓는다.

부축을 받으며 내려오는 미첼 할머니.

증인석으로 돌아온 미첼 할머니의 손을 꼭 잡아주는 옥분.

의장

(영) 계속 진행하겠습니다. 다음⋯ 옥분 나의 증언을 시작하겠습니다.
준비되셨습니까?

105. 미 하원 레이번 빌딩 청문회장 안 / 오후

하원의원

(영) 의장님. 옥분 나는 위안부라는 것이 아직 확인되지 않은
것으로 알고 있습니다.

의장

(확인서를 들어 보이며)
(영) 어제 확인서가 제출됐습니다.

하원의원

(영) 며칠 만에 졸속으로 만들어진 그 서류의 신뢰도에
의문을 제기합니다.

의장

(고심하다가)
(영) 일단 증언을 듣고 확인서의 공인 여부는 위원회에서 판단하겠습니다.

하원의원

(영) 명확한 증거가 첨부되지 않은 그 확인서를 저희는 인정할 수 없습니다.

하원의원의 이의 제기에 술렁이는 청문회장.
청중석에서 들리는 목소리.

로비스트 1

(영) 나옥분! 당신은 위안부가 아니야! 증언할 자격이 없어!!!

로비스트 2

(영) 거짓 증언은 필요 없다!!!!

로비스트의 발언에 다시 상기되는 청문회장.
의장, 나무망치를 두드리며 청중을 자중시킨다.

의장

(영) 나옥분⋯ 증언하시겠습니까?

옥분
(말 자르며)
Yes. I can speak.

옥분이 입을 열자 옥분에게 집중되는 시선들.
단상으로 이동하는 옥분을 향해 거칠게 쏟아지는 카메라 플래시.
옥분의 증언을 숨죽여 기다리지만, 아무런 말 없이 멀뚱히 서 있는 옥분.
자신을 주시하는 많은 청중에 당황한다.
의장, 증언을 재촉하지만 옥분 귀에 들리지 않는다.
결국 옥분을 끌어내리라는 의장의 지시에 무대에 오르는 진행자.
참다못한 우리 측 관계자들이 진행자를 막는다.
순식간에 아수라장이 된 청문회장. 그때,

민재(소리)

How are you?!

옥분을 자극하는 귀에 익은 목소리에 번쩍 고개를 든다.
흔들리는 눈으로 청중석을 둘러보는 옥분.
거친 숨을 내뱉으며 저 멀리 청문회장 뒤편 청중들 사이에… 민재가 서 있다.
땀범벅으로 꼴이 말이 아니지만, 민재의 눈빛 단호하다.
민재를 보자, 이끌리듯 습관처럼 대답한다.

옥분

(중얼거리며)

아… 아임… 아임… 파인…

민재, 다시 한 번 큰 소리로 외친다.

민재

How. are. you 옥! 분??

청문회장을 가득 채운 민재의 목소리.
힘을 얻은 옥분. 눈물 글썽, 활짝 웃으며 힘차게

옥분

아임 빠인 땡큐, 앤 유!!!

민재, 옥분을 향해 주먹을 불끈 쥐어 보인다.
이제야 긴장이 풀린 듯 표정이 밝아진 옥분, 민재가 옥분을 향해 고개를 끄덕이자,
한숨 크게 내쉬는 옥분, 곧 감정을 추스르고, 집중한다.

민재에게 사진을 건네받은 금주가 미국 공무원에게 전달하고, 미 공무원은 사진을 들고 의장 쪽으로 향한다. 의장 앞에 놓이는 옥분의 60년 선 사진(씬 71). 금주가 옥분에게 '다 해결됐다'는 신호를 보내면 옥분은 마음이 놓인다.

팔을 걷어 올리는 옥분. 늘 긴 옷으로 가리고 있던 옥분의 상처가 처음으로 드러난다. 긴 자상 위쪽에 일본말로 쓰인 문신과 흉터들. 흉측하게 드러난 흉터를 보고 놀라 숨을 삼키는 청중들, 그리고 민재. 천천히 한쪽 옷섶을 내려서 쇄골 아래의 칼자국과 낙서를 보여주는 옥분.

옥분
일본군들이 내 몸에 새겨놓은 칼자국과 낙서요. 내 나이 열세 살이었소.
내 몸엔 이런 흉터가 수도 없이 있습니다. 이 흉터들을 볼 때마다
그 지옥 같았던 기억이 생생하게 살아납니다. 증거가 없다고?
내가 바로 증거입니다. 여기 있는 미첼이 증거고 살아 있는
생존자들 모두가 증거입니다!!

아이 캔 스피크

통역을 통해 전해지는 옥분의 외침을 듣고 숙연해지는 사람들.

옥분, 옷섶을 바로 하고 차분하게 말을 잇는다.

106. 노인병원 정심의 입원실 / 밤

정심이 TV 속 옥분이 나오는 모습을 멍하니 보고 있다.

옥분
열세 살 이후 지금까지… 잠을 편히 잔 날은 손에 꼽소.
나를 이렇게 만든 사람들은 아무 일도 없었던 것처럼 잘만 살고 있는데
왜 우리만 이렇게 고통을 당해야 합니까. 왜?!

옥분의 클로즈업된 화면을 보던 정심… 입가에 미소를 드리운다. 홀가분한 미소.
마치, 평생의 족쇄를 벗어던지듯…

107. 미 하원 레이번 빌딩 청문회장 안 / 오후

가슴 아파하는 민재.
청중석에 앉은 몇몇 사람들, 훌쩍이며 눈물을 찍어낸다.

인서트. 시장 사람들이 한자리에 모여 TV를 시청하고 있다. 연신 눈물을 훔치는
진주댁.

갑자기 일본 관계자들이 앉은 곳을 바라보는 옥분.
일본 관계자들, 인상을 쓴 채 불편한 표정으로 주변을 본다.
옥분, 이제 영어로 말을 하기 시작한다.

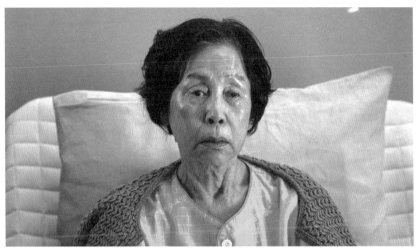

iCanSpeak

옥분

(영) 일본은 반인륜적인 범죄를 저질렀습니다. 나는 일본의
반인륜적인 범죄로 꿈이 짓밟힌 어린 소녀들을 대신해 이 자리에 섰습니다.
일본 정부가 인정하지 않는다고 위안부 문제가 없었던 일이 되는 것이
아닙니다. 위안부 피해자들에겐 60년, 70년이 지난 지금도 과거가 아니라
현실이며, 당신들이 인정하고 사과하지 않는 한 영원히 끝나지 않을
미래이기 때문입니다.
나는 당신들에게 무리한 걸 요구하는 것이 아닙니다.
단지 자신들의 잘못을 인정하고 우리가 아직 목숨이 붙어 있을 때
당신들이 용서받을 기회를 주고자 하는 것입니다.
I am sorry! 그 한마디가 그렇게 어렵습니까?

아이 캔 스피크

후세에게 역사의 무거운 짐을 지게 하지 않으려면
당장 잘못된 과거를 인정하세요.

오랫동안 준비해온 연설을 영어로 마친 옥분, 기력이 다한 듯 천천히 자리에 앉는다.
다 쏟아낸 뒤라 머리가 어지럽고 눈앞이 아찔한 옥분.
그리고… 마치 찬물을 끼얹은 듯 조용한 방청석.
민재, 갑자기 자리에서 벌떡 일어서더니 박수를 치기 시작한다.
그러자 하나, 둘 일어서서 민재를 따라 박수를 치는 청중들.
이내 방청석에 앉아 있던 모든 청중들이 일어나 열렬히 박수를 친다.
그런 관중들의 반응이 못마땅한 듯 인상을 찌푸리는 일본 측 관계자들.
감격스러운 표정으로 서로의 손을 꼭 맞잡는 옥분과 미첼.

iCanSpeak

108. 미 하원 레이번 빌딩 청문회장 복도 / 오후

민재의 부축을 받으며 천천히 청문회장을 빠져나오는 옥분.
그때 옥분과 미첼에게 질문을 던졌던 하원의원 다가와 옥분 앞에 선다.
순간 긴장하는 옥분. 그런데…

하원의원

아이 엠 쏘리! 옥분…

옥분, 하원의원의 손을 잡고 고개를 끄덕인다.
이어서 다른 청중들 역시 한 명씩 다가와 옥분에게
"아이 엠 쏘리!" 하고 지나간다.
마리아 의원도 "아이 엠 쏘리"라고 말하며 옥분을 안아준다.

이 모습들이 카메라를 통해 세계로 퍼져나간다.
수많은 사람들의 "아이 엠 쏘리"를 들으며 감격에 젖은 옥분.
그러나 정작 그 말을 해야 할 일본인들이 없는 현실에 씁쓸해지는데
멀리 복도에서 기다리고 있던 로비스트 1, 2. 뭔가 이야기를 나눈다.
굳은 표정으로 로비스트 1이 다가와 옥분의 앞에 선다.

로비스트 1
(빈정거리며)
(영) 도대체 얼마를 받고 싶어서 이러는 건가?

민재
뭐라고?! 이 새끼가…

발끈한 민재, 로비스트 1에게 달려들어 주먹으로 한 대 날릴 기세인데,
옥분이 그런 민재를 저지한다.

옥분
민재야, 안 된다. 그러지 마라.

씩씩거리는 민재를 꼬옥 안아 진정시킨 옥분,
로비스트 1을 향해 유창한 일본어로 호통친다.

옥분
(일) 너, 바보냐? 이 나이에 돈 받아서 쓸 데도 없다.
더러운 돈 필요 없다고 전해라. 사과 한 번 하는 게 뭐가 그리 어렵나?
너희 자식들에게 짐 떠넘기지 말고 이 자리에서 사과해라!!

아이 캔 스피크

일본인

(영) 당신 지금 큰 실수 하는 거야!!!!

옥분

(발음 정확하게)

아이 돈 케어!!

가운데 손가락을 들어 퓩유를 날리려는 찰나, 이번엔 민재가 옥분을 막아선다.

민재

할머니, 그건 안 돼요. Calm down!

옥분이 날리려던 엿의 의도를 파악한 사람들이 웃음을 터뜨리고,
로비스트들, 도망치듯 복도를 빠져나간다.

옥분

(이제야 민재의 얼굴을 제대로 보고)

넌 구청 비우고 여긴 왜 왔어?

민재

어차피 할머니 안 계시면 구청 직원들 할 일도 없어요.

옥분

(표정 무너지며)

고맙다, 고마워.

너 없었으면… 입 떼기도 힘들었을 거다.

민재, 애써 감정을 정리한다.
금주에게 눈신호를 보내는 민재.

금주

할머니, 잠시 대기실로 가실까요?

109. 미 하원 레이번 빌딩 대기실 / 오후

문이 열리고, 옥분이 들어서면
창밖을 바라보고 있던 노신사가 인기척을 느끼고 뒤돌아본다.

옥분

(흔들리는 눈빛)···

민재

할머니 보려고 LA에서 오셨어요.

옥분

(놀라며)···

민재, 옥분과 정남을 위해 잠시 옆으로 자리를 옮긴다.

정남

My sister··· 옥분?

옥분

(떨리는 목소리)

탐…? 정남이니?… Are you 정남? How you here… come

(믿기지 않는 듯)

니가 어떻게 여길…

정남

I saw your post in the newspaper. But

(민재를 가리키며 어눌하게 한국말)

저 남자… 나빠(귀찮아).

민재

(멋쩍은 듯)

와주셔서 감사합니다.

옥분

(작은 목소리로)

정남아… I'm sorry.

정남

(옥분의 손을 잡으며 어눌한 한국말로)

No. No. 누나… 보고 싶어.

옥분

아니여, 내가 베리 아 엠 쏘리.

너한테 누만 될 텐데…

정남

(눈물을 흘리며)

내가… 잘못하다…

누나… 상처… 많아. 나는… 나쁜 놈…

정남, 옥분을 꼭 끌어안는다. 서로 안은 채 눈물을 흘리는 두 사람.

정남

(옥분을 토닥이며)

I'm sorry…

옥분

아니다, 아니여.

(눈물을 닦으며 정남의 얼굴을 보고)

미국 오길 잘했네. 죽기 전에 이렇게 내 동생 얼굴도 보고…

아이고, 고맙다…

두 사람의 해후에 가슴이 저릿한 민재와 금주.

정남을 다독이는 옥분, 눈물이 그렁한 민재와 눈이 마주친다.

그동안 보지 못했던 옥분의 미소 가득한 얼굴에서… 자막.

'2007년 6월 26일 일본군 '위안부' 사죄 결의안(HR121)은 미 하원 외교위원회에서 찬성 39표, 반대 2표로 공식 채택되었으며, 이어 2007년 7월 30일에 미 하원에서 만장일치로 통과되었다. 이는 '위안부' 할머니들이 일본 정부를 상대로 거둔 최초의 승리이다.'

암전

110. 에필로그.

#. 봉원시장 거리

위풍당당하게 걸어오는 옥분.

옥분

(쓰레기봉투 보며)

이것 좀 밤에 좀 내놓으라니까, 말 드럽게 안 듣네, 진짜!!

여자

아, 알았어요. 하여간 승질.

막 담배꽁초를 허공에 던지는 빡빡이, 옥분을 발견하자마자 다리를 뻗어 지면에 닿기 직전의 꽁초를 발 위에 올리는 묘기를 선보인다.
옥분은 여전히 '도깨비 할매'이지만… 사람들이 옥분을 대하는 태도는 예전과는 다르게 편하다.

아이 캔 스피크

iCanSpeak

#. 피트니스 클럽

옥분이 천천히 런닝머신 위를 걷고 있다.

지쳤는지 그만하고 내려오려는데 모니터에 일본 관련 뉴스가 보도되고 있다.

"'위안부' 관련 기록 유네스코 등재 무산" "일본 '위안부' 문제 교과서 왜곡 여전" 같은 헤드라인이 뜬다.

옥분

이것들이 아직도 정신 못 차렸네.

러닝머신의 속도를 올리는 옥분,

(더 성숙해진 모습의) 민재, 다가온다.

민재

할머니, 무리하지 마세요. 연세를 생각하셔야지.

옥분

일본놈들은 우리들 다 죽기만을 기다리고 있을 텐데…

보란 듯이 오래 살 거여. 이백 살까지.

너도 같이 운동하자, 박 주임!

민재

아이 씨, 할머니… 저 7급 된 지가 언젠데…

주무관이라구요. 박 주무관!

옥분

박 주무… 관. 아이고, 발음 어려워. 박 주임이 훨씬 나았어!

영재는 호주에서 잘 있대?

워킹 홀리데이로 열심히 일하며 여행 다니고 있대요.

옥분

대학 시험은 다시 안 본다니?

민재

몰라요. 지 인생인데 지가 알아서 하겠죠!

비로소 마음 편한 미소를 짓는 민재.

#. 미국 샌프란시스코 공항
통화를 하며 걷는 옥분.

옥분

응, 정남아. 지금 막 도착했다. 이번엔 시의회 출석하러 왔지.
아웃은 엘에이로 해놨으니까, 일 끝나면 엘에이로 넘어가마.

– 입국 심사를 받는 옥분.
입국 심사장 직원이 옥분과 옥분의 여권을 유심히 본다.
도장 찍을 자리가 없을 만큼 여러 나라의 심사 도장이 찍혀 있다.
용케 빈 자리를 찾아서 도장을 찍는 직원.

직원
(여권을 건네주며)
Wow - You travelled a lot. Can you speak English?

옥분

(자신 있게)

Sure, I can speak!

씨익~ 웃는 옥분의 얼굴에서,

Title in. 〈I Can Speak〉

-END-

감동과 울림을 주는 영화,
〈아이 캔 스피크〉

영화에서 역사 문제를 다루는 것만큼 조심스러운 일은 없다. 영화의 허구적인 스토리가 실제 사건과 달라서 역사 왜곡 문제가 발생할 수 있기 때문이다. 일제강점기의 사건을 다루는 영화는 더욱 그렇다. 자칫하면 국민들의 공분을 살 수도 있다. 그런데도 일제강점기를 배경으로 한 영화들이 잇달아 나오는 건 아직도 해결되지 않은 과거사 문제 때문이다.

9월 21일 개봉한 영화 〈아이 캔 스피크〉는 일제강점기 '위안부'라는 민감한 주제를 다룬다. 모티브는 '위안부' 할머니들의 미국 의회 증언이었다. '위안부' 피해자인 이용수 할머니와 김군자 할머니는 2007년 미국 의회 공개청문회에서 증언했다. 이후 미 하원은 일본군 '위안부' 사죄 결의안을 채택했다.

영화는 가슴 아픈 우리의 역사를 기존의 영화들과는 다른 방법으로 그리고 있다. 아픔을 직설적으로 표현하던 이전의 역사물과 달리 희극적인 연출 방법을 사용해 간접적으로 관객들의 공감을 이끌어냈다.

재래시장에서 수선집을 운영하는 괴짜 할머니 옥분(나문희)은 젊은 구청 공무원 민재(이제훈)에게 영어를 가르쳐달라고 조른다. 처음에는 미국으로 입양된 남동생과 대화를 하기 위해 영어를 배운다고 생각했다. 하지만 옥분은 영어를 배운 뒤 꼭 하고 싶었던 말을 하며 큰일을 해낸다.

영화는 옥분과 민재가 티격태격하는 과정에 초점을 맞추는 등 웃음과 유머를 주는 코믹한 기법을 사용하고 있지만 실제로는 그 어떤 영화보다 '위안부' 문제를 강하게 조명하고 있다. 일제강점기 일본군 '위안부'라는 이 땅의 비극적 역사가 옥분이라는 한 인간의 삶에 어떤 영향을 미쳤는지 보여주면서 피해자들이 여전히 우리 사회에서 함께 살아가고 있음을 상기시킨다.

영화의 구성도 뛰어나다. 김현석 감독은 뜻밖의 반전으로 관객들에게 감동을 불러일으킨다. 영화는 팔천여 건의 민원을 넣으면서 구청에서 '도깨비 할매'로 알려진 옥분과 원칙주의자인 9급 공무원 민재 사이의 팽팽한 긴장감으로 시작한다. 그러나 중반부터는 반전을 통해 감동을 폭발시키는 전략을 사용했다. 옥분의 아픈 삶의 여정을 차분히 따라가던 관객들이 마지막에서 같은 '위안부'였던 정심(손숙)과의 에피소드를 통해 큰 감동을 받도록 연출했다.

연기파 배우 나문희의 연기 또한 빛을 발했다. 올해로 76세인 나문희는 연륜과 경륜에 맞게 완벽한 연기를 선보인다. 특히 그가 백악관에서 했던 연설은 감동적이다. 차분하면서도 박력 있는 연설은 우리에게 큰 울림으로 다가온다.

실제 영어 선생님이었던 남편과 미국에서 살고 있는 둘째딸 덕분에 장문의 영어 대사를 능숙하게 소화해낼 수 있었다는 후문이다. 여기에 동네사람들로 출연한 염혜란, 이상희, 성유빈은 물론 구청 직원인 박철민, 정연주, 이지훈까지 힘을 보탠다. 세대를 아우르는 개성 강한 연기파 배우들과 영화 〈쎄시봉〉을 연출한 김현석 감독 특유의 유머와 감동 코드가 잘 맞아 떨어졌다.

〈아이 캔 스피크〉는 상업영화에서 민감한 역사 문제를 풀어내는 좋은 본보기를 제시했다. 아픔과 고통을 직접적으로 표현하지 않으면서도 관객들에게 큰 감동과 메시지를 전달할 수 있다는 것을 보여주었다. 최근 광주 민주화 운동을 그린 〈택시운전사〉도 그랬다. 〈아이 캔 스피크〉는 한국영화의 연출 기법을 한 단계 끌어올려 관객들에게 잔잔한 감동과 큰 울림을 선사하는 작품이다.

양경미 (영화평론가)
<텐아시아> 2017년 10월 20일

꼭 알아야 할 일본군 '위안부'
사실과 진실 20

1. 일본군 '위안부'가 무엇인가요?

제2차 세계대전 당시 강제 동원되어 일본군을 상대로 성노예 생활을 강요당한 여성들을 일컫는다. 주로 일본의 식민지였던 조선과 대만의 여성들이 강제 동원됐다. 점령지 현지에서 강제 동원되기도 했는데, 중국, 인도네시아, 필리핀, 동티모르, 네덜란드 출신의 여성들이 포함되어 있다.

2. 일본군 '위안부'를 가리키는 명칭이 많은데, 어느 것이 맞나요?

'종군위안부'라는 용어는 심각한 의미 왜곡을 내포하고 있다. '종군(從軍)'은 전투 목적 이외의 일로 군대와 같이 다니는 것을 의미하며, '자의로' 군대를 따라다니는 사람이다. 따라서 종군위안부는 말 자체가 성립이 되지 않는다.

'여자근로정신대'의 준말인 '정신대'라는 용어가 사용된 적도 있다. 그러나 이는 노동력 부족을 해결하기 위해 일본 내 공장 등으로 강제 동원된 조선 여성을 일컫는 말이다.

현재 국제사회에서는 '군대 성노예(military sexual slavery)'라는 용어를 주로 사용한다. 위안소의 본질인 폭력성과 강제성을 그대로 보여주는 용어라 할 수 있다.

현재 우리 사회에서는 주로 일본군 '위안부'라는 용어를 사용하고 있다. 일제가 '위안부'라는 단어를 만들고 위안소를 제도화했던 당대의 특수한 분위기를 전달하는 역사적 용어이기 때문이다. 피해자들의 지원을 위해 정부가 제정한 법률에서도 이 용어를 공식적으로 사용하고 있다. 위안(慰安)이란 위로하여 마음을 편안하게 한다는 뜻인데, 할머니들은 그럴 목적이 없었으며 우리는 이 용어에 동의하지 않는다는 의미로 작은따옴표를 붙여 '위안부'라고 써야 더 정확하다.

3. 일본군 위안소는 대체 왜, 언제부터 설치했나요?

일본군 위안소는 일본군에 강제 동원된 '위안부'들이 병사들을 상대로 성노예 생활을 강요당한 곳이다. 1931년 만주사변이 일어나고 일본이 중국 본토 일부를 점령했는데, 일본군이 중국 여성들을 강간하는 사건이 많이 일어났다. 이러한 일본군의 만행 때문에 일본군 점령지의 민심이 들썩이면서 반일 감정이 격화되기 시작했다. 그러자 일본 정부는 점령지의 치안을 유지하면서도 일본군의 스트레스를 해소하기 위해 위안소를 설치했다. 하지만 일본군이 일으키는 강간 사건의 수가 크게 줄어들지는 않았다고 알려져 있다.

4. 일본군 '위안부'들은 어떻게 끌려가게 됐나요?

거짓 광고와 사기는 '위안부'를 모집하는 데 빈번히 쓰였다. 한 할머니는 '돈을 벌 수 있다'는 말에 속아 중국 난징의 위안소로 끌려갔다. 다른 할머니는 "일본 사람이 고무공장에 취직하면 힘들게 살지 않아도 된다고 하며 데려갔다."라고 증언했다. 협박으로 여성들을 끌고 가기도 했다. 또 다른 할머니는 "놋그릇 상납과 창씨개명에 반대한 아버지가 연행됐다. 애국봉사대에 지원하면 아버지가 풀려날 수 있다고 해서 지원했더니 곧바로 위안소에 끌려갔다."라고 증언했다.

폭력을 가해 끌고 가기도 했다. 한 할머니는 목화밭에서 일하던 중 일본 헌병에게 끌려갔다. 한편 필리핀 피해 여성은 "두 명의 일본 병사가 집에 들어와 나를 끌고 가려고 했다. 이에 저항한 아버지는 목숨을 잃었다."라고 증언했다.

'위안부' 동원은 주로 일본군의 하청을 받아 민간업자들이 시행했다. 하지만 시행만 민간업자가 했을 뿐이지 주체는 분명히 일본군이었다. 나중에는 일본 헌병과 군인들이 직접 나서서 여성들을 끌고 가기에 이르렀다.

5. 일본군 '위안부'들은 어디로 끌려갔나요?

중국, 인도네시아·싱가포르와 같은 동남아시아 지역, 괌·사이판 같은 태평양의 작은 섬들까지 일본이 점령한 지역에는 어김없이 위안소가 설치됐고, 여성들은 위안소가 있는 곳이면 어디든 끌려갔다. 하지만 처음에는 자신이 어디로 끌려갔는지 정확한 지명을 모르는 경우가 많다. 또한 이들은 일본군의 철저한 관리 감독을 받았으며, 한곳에 정착해 생활하지 못하고 일본군 부대가 이동할 때마다 함께 이동했다.

6. 일본군 '위안부'의 일상은 어땠나요?

일본군 '위안부'는 일본군에 대해 어떠한 저항도 허락되지 않았다. 하루에 적게는 15명, 많게는 수십 명이나 되는 일본군의 성적 노리개가 되어야 했다. 이를 거부하면 일본군의 가차 없는 폭력과 협박이 되돌아왔다.

〈아이 캔 스피크〉에서, 옥분은 자기 옷을 걷어 올려 온몸에 새겨진 칼자국과 문신을 보여준다. 이는 여성들이 실제로 겪었던 일을 토대로 한 것이다. 일본군은 여성들의 몸에 상처를 내고, 문신을 새기고, 담뱃불로 지지고, 뼈를 부러뜨리고, 총을 쏘는 등 몸을 망가뜨렸다. 원치 않는 임신은 곧 낙태와 자궁적출로 이어졌다. 그 과정에서 여성도 사망에 이르는 경우가 대다수였다.

이들에게도 소위 '건강검진'이 이루어졌는데, 일본군에게 성병을 전염시키지 못하게 막기 위한 것이었다. 때문에 검진 항목은 성병 관련한 항목이 전부였다. 임신과 성병을 막겠다고 '위안부'들에게 수은을 먹이거나 수은 증기를 쏘이기도 했다.

7. 일본군 '위안부'로 끌려간 여성은 몇 명이나 되나요?

일본은 관련 서류를 의도적으로 소각하고, 방치하고, 공개하지 않음으로써 이 문제를 덮으려 한다. 얼마 남지 않은 자료를 토대로 여러 연구자들마다 각 지역 위안소의 규모와 숫자, '위안부' 피해자들의 증언, 일본군의 '위안부' 징발 목표치(군인 29명당 여성 1명이므로, 계산대로라면 30만여 명에 이르는 규모이다) 등 다양한 근거로 추정한 결과는 최소 3만 명에서 최대 40만 명까지 편차가 크다.

일본 내 '위안부' 문제에 있어 가장 권위 있는 학자인 요시미 요시아키(吉見義明) 교수는 8만 명에서 20만 명, 그중 조선인 여성이 절반이 넘는다고 추측하기도 했다.

8. 전쟁이 끝난 후 일본군 '위안부'들은 어떻게 됐니요?

전쟁이 끝나자 일본군은 현지에 일본군 '위안부'들을 버리거나 살해한 후 귀국길에 올랐다. '운 좋게' 살아남은 피해자들은 연합군의 포로가 되어 귀국하거나, 몇 달을 걸어 자력으로 귀국하기도 했다. 하지만 어쩔 수 없이 현지에 남은 경우도 많으며, 지금도 귀국하지 못한 사람들이 많다. 이옥선 할머니의 경우 2000년에야 한국으로 돌아왔는데, 돌아와보니 본인이 사망신고가 돼 있었다고 한다.

간신히 귀국을 했어도 고향으로 돌아가지 못한 여성이 많다. 험한 과거를 가졌다고 손가락질받는 것이 겁나기도 했을 것이다. 이들은 자신의 과거가 밝혀질 경우 한국 사회에서 받아야 할 불이익과 낙인을 두려워하며 살았다.

9. 일본군 '위안부', 40년이 지난 후에야 주목받은 이유는 무엇인가요?

제2차 세계대전 직후, 일본군 '위안부'의 존재는 국제적으로도 인정됐다. 인도네시아의 전범재판에서 35명의 네덜란드 여성을 일본군 '위안부'로 강제 동원한 일본군을 단죄하기도 했다. 그러나 우리나라에서는 이 문제를 공론화하지 않았고 피해 여성들도 피해 사실을 알리려고 하시 않았다. 이 문제를 공론화한 사람은 양심 있는 학자인 윤정옥 교수였다.

이화여자대학교 영문과 윤정옥 교수는 일제강점기 때 10대를 보낸, 다시 말해 자신이 일본군 '위안부' 강제 동원의 위협 속에서 살아온 세대다. 또래 여성들에 대한 죄책감을 가지고 살았던 윤 교수는 1970년대 말, 일본군 '위안부' 피해자인 배봉기 할머니에 대한 신문기사를 접하게 된다. 일본군 '위안부'였던 배봉기 할머니가 해방 후 차마 고국으로 돌아가지 못하고 오키나와에서 살았는데, 1972년 오키나와가 미군 점령에서 벗어나 일본 영토로 복귀될 때 강제 퇴거 대상이 되었고 그 과정에서 '위안부'였음이 드러났다는 것. 윤 교수는 그때부터 사비를 털어 실태 조사에 나섰다.

윤 교수는 일본군 '위안부' 문제 답사팀을 구성해 후쿠오카에서 오키나와까지 답사를 했고 그 결과를 1988년 4월 한국교회여성연합회 주최 세미나에서 발표했다. 그리고 1990년, 한국교회여성연합회, 전국여대생대표자협의회, 한국여성단체연합이 일본 정부에 진상규명과 사죄를 요구하는 성명서를 발표해 이 문제를 전면에 끌어냈다. 또한 세 차례에 걸쳐 일본 측에 진상규명을 촉구하는 서한을 보냈다. 하지만 일본 정부는 답신을 보내지 않았으며, 1990년 6월에는 '일본군은 군대 '위안부' 문제에 관여하지 않았다'라고 주장했다.

10. 일본군 '위안부' 피해자의 공개 증언이 언제 처음 나왔나요?

앞에서 살펴봤듯이 최초로 자신이 '위안부'라고 밝힌 사람은 배봉기 할머니다. 이 외에도 이남님·노수복·배옥수 할머니 등이 자신이 '위안부'라고 증언한 바 있다. 하지만 흔히 '최초의 증언'이라고 알려져 있는 것은 김학순 할머니의 증언이다.

1991년 8월 14일, 김학순 할머니는 한국정신대문제대책협의회(정대협) 사무실에서 일본군 '위안부'로서 겪은 피해를 공개적·공식적으로 증언했다. 피해자가 이렇게 살아 있는데, 일본에서는 그런 일이 없었다고 하니 더 이상 참을 수 없다고 생각해 나온 것.

김학순 할머니의 증언은 '위안부' 문제가 국제적인 이슈로 발전하게 한 중요한 계기가 된 증언이라는 맥락에서 '최초의 증언'으로 여겨진다. 또한 '위안부' 문제가 개인의 수치스런 경험담이 아닌 '국가 범죄'로서 일본 정부가 직접 사과하고 배상해야 할 일임을 알렸고, 이옥선·이용수·김군자 할머니 등 '위안부' 피해 여성들이 공식적으로 나서서 증언하도록 한 시발점이 됐다.

김학순 할머니가 피해 사실을 증언한 8월 14일은 위안부 피해자 기림일로 정해졌다.

11. 가해자 일본군도 증언을 했다고요?

일본군이었던 스즈키 요시오는 "미사오라고 하는 조선인 위안부가, 간호사 모집인 줄 알고 속아서 위안소에 들어오게 됐다고 울면서 이야기했다."라고 증언했다. 한편 또 다른 일본군이었던 가네코 야스지는 "함께 데리고 간 3명의 순회 위안부 경비를 맡았다. 그녀들과 이야기를 나눠봤는데, '좋아서 이런 곳에 온 것이 아니다'라는 말을 했다."라고 증언했다. 일본군이 '위안부'의 경비를 맡았다는 건, 곧 일본군이 '위안부'를 직접 관리했다는 뜻이다.

아사히 신문은 1982년 제2차 세계대전 당시 일본 야마구치 현 노무보국회 동원부장으로 일했던 요시다 세이지 씨와의 인터뷰 등을 기획특집으로 보도했는데, 여기에는 일본군이 제주도에서 여성들을 위안소로 강제 연행했다는 증언이 담겨 있었다. (나중에 증거가 부족하다는 이유로 관련 기사를 모두 취소)

12. 지금 살아 있는 일본군 '위안부' 피해자는 몇 명인가요?

2017년 10월 기준 정부에 '위안부' 피해자로 등록한 사람은 239명이다. 하지만 등록하지 않은 할머니들이 등록한 할머니들보다 훨씬 더 많을 것이다. 해외에서 돌아오지 못하고 있는 할머니들도 상당수다. 그중 지금까지 살아 있는 생존자는 33명이다(2017년 11월 기준). 남아 있는 할머니들의 연령도 90세 전후이다.

13. 고노담화가 무엇이고, 왜 중요한가요?

1998년 8월 4일 당시 일본 관방장관 고노 요헤이가 일본군 '위안부'와 관련한 일본 정부의 입장을 발표한 담화를 말한다.

이 담화의 주요 내용은 ① 위안소는 일본군의 요청으로 설치했다 ② 위안소의 설치와 관리, '위안부'의 이송에 일본군이 직간접적으로 관여했다 ③ '위안부' 모집은 군의 요청을 받은 민간업자가 주로 담당했고, 감언과 강압 등 본인의 의사에 반해 모집된 경우가 대다수이며, 일본 관헌이 강제 모집에 직접 가담하기도 했다 ④ 일본군 '위안부'들은 강제적인 상황 아래에서 참혹한 고통을 겪었다 등이다.

이 담화가 나온 배경은 다음과 같다. 한국에서 '위안부' 문제가 제기되자, 일본 국회에서도 '위안부' 문제가 언급될 수밖에 없었다. 1990년 6월 모토오카 쇼지 의원이 '위안부'의 존재에 대해 질문했으나 일본 정부는 군과 정부는 전혀 관여하지 않았다고 부인했다. 그러자 김학순 할머니는 일본군 '위안부' 피해자로 이름을 걸고 증언했고, 1992년 1월 요시미 요시아키 교수가 일본군 '위안부'를 모집하고 이송하는 과정에 일본군이 관여한 문서를 발견해 발표했다. 이후로도 증언과 증거자료가 계속 쏟아졌다. 그러자 일본 정부는 일본군이 일본군 '위안부' 문제에 개입한 것을 인정할 수밖에 없었다.

고노담화는 여성들의 강제 동원에 일본 관헌이 관여했다는 사실을 일본 정부가 스스로 인정했다는 데 의의가 있다. 반면 일본 정부의 개입 범위와 법적 책임을 명확히 표현하지 않은 것, 단순한 담화 형식이라는 한계 역시 지니고 있다. 또한 고노담화 이후 일본 정부는 '아시아여성기금'이라는 민간 단체를 통해 '인도적'인 차원에서 '위로금'을 지급하는 방식으로 법적 책임을 교묘하게 피해가려는 꼼수를 부려 엄청난 비판을 받기도 했다. 대다수 피해자들은 위로금 수령을 거부했다.

14. 일본은 일본군 '위안부' 문제에 대해 어떤 입장인가요?

이미 고노담화로 강제 동원과 일본 정부의 개입을 인정했음에도 불구하고, 책임 있는 사과와 배상은커녕 이 문제를 축소, 부인하고 있다. 1965년 한일 청구권협 정으로 모든 법적 문제가 해결됐다고 주장하기도 한다. 하지만 청구권협정은 경 제조약일 따름이지 일본의 인권유린에 대한 배상은 포함되지 않았기 때문에 근 거가 없다.

아베 정부가 들어선 이후에는 더욱 노골적으로 진실을 부인하는 행보가 이어 지고 있다. 아베 총리는 취임하자마자 2007년 각의(국무회의)를 통해 '여성 강 제 동원의 증거가 없다'라고 결정하고 이를 일본 정부의 공식 입장으로 삼았다.

아베 정부는 한편으로는 고노담화 '무력화'에 열을 올리고 있다. 2014년 아베 정부는 고노담화 검증팀을 꾸려 고노담화의 내용과 작성 절차를 전면적으로 재 평가했다. 그 결론은 '고노담화는 역사적인 사실에 대한 기술이 아닌 한일 간 정 치적인 협상의 결과물로서, 사실 강제 동원을 직접 보여주는 증거는 발견되지 않았지만 한국과의 관계를 고려해 강제 동원을 인정했'라는 것. 국제사회가 이 에 크게 반발하자, 아베는 "그럼에도 고노담화를 계승한다는 입장에는 변함이 없다"라고 밝힘으로써 자기모순에 빠진다.

2015년에는 한일 협상이 타결되었는데, 일본 정부는 여기에서 일본 정부의 책임을 통감한다 했으나 그 책임이 법적인지 도의적인지 밝히지 않았다. 또한 이 합의는 '최종적·불가역적 합의'이고, 합의금 명목으로 10억 엔을 지급했으니 이제 한국 정부는 '위안부' 문제를 언급하지 말길 바란다고 밝혔다. 하지만 실제 피해자들이 빠진 밀실 협상은 의미가 없다.

그 이후 일본 정부는 계속해서 역사적 사실을 부정하고 있다. 2016년 1월, 일 본 정부는 유엔 여성차별철폐위원회에 '위안부' 강제 연행의 증거가 없다는 공식 입장을 제출했다. 같은 달 아베 총리는 공식적으로 "'위안부' 문제는 전쟁 범죄가 아니다", "강제 연행은 증거가 없다"라고 발표했다.

15. 영화 〈아이 캔 스피크〉에 나온 HR121이 무엇인가요?

United States House of Representatives House Resolution 121의 약자.

미국 연방의회 일본군 '위안부' 사죄 결의안을 말한다. 일본계 미국인 마이클 혼다 하원의원이 발의했다. 이 결의안은 미 하원에 10년에 걸쳐 제출된 끝에 통과한 것이다. 2007년 2월 1일에 상정돼 121이라는 번호를 부여받았고, 6월 26일 미 하원 외교위원회에서 찬성 39표, 반대 2표로 공식 채택됐으며, 이어서 7월 30일에 미 하원에서 만장일치로 통과됐다.

16. HR121은 어떤 주장을 담고 있나요?

① 일본 정부는 1930년대부터 제2차 세계대전에 이르는 식민통치 기간 동안 황군이 일본군 '위안부'로 알려진 젊은 여성들을 성노예화한 것에 대해 명백하고도 모호하지 않은 방식으로 공식 인정하고, 사죄하며, 역사적 책임을 져야 한다.
② 상기 공식 사과는 일본 총리가 총리 자격으로 발표하는 공개 발표문(public statement) 형식이어야 한다.
③ 일본 정부는 '위안부' 여성의 성노예화와 인신매매가 발생한 적이 없다는 주장을 명백하고도 공개적으로 부인해야 한다.
④ 일본 정부는 일본군 '위안부' 여성에 관한 국제사회의 권고를 따르는 동시에 과거에 저지른 범죄 사실에 대해 현재·미래 세대를 교육시켜야 한다.

17. HR121의 의미와 의의는 무엇인가요?

이 결의안이 법적 구속력을 갖는 것은 아니지만, 미국 연방의회가 일본의 '위안부' 강제 동원을 공식 인정했다는 점에서 역사적 의의가 있다. 미국 연방 하원이 일본군 '위안부' 사죄 결의안을 채택하자, 호주·네덜란드·캐나다 등 다른 나라도 적극적으로 결의안을 채택하기에 이른다. 이 밖에 일본군 '위안부' 피해를 받은 대만과 우리나라에서도 결의안이 채택됐다.

일본 지방자치단체에서도 일본 중앙정부가 일본군 '위안부' 문제에 성실히 대응할 것을 요구하는 의견서가 연이어 채택됐다. 2008년 3월 효고 현 다카라즈카 시를 시작으로 2013년까지 41개 지방의회에서 의견서를 채택했다.

18. 수요시위가 무엇인가요?

1992년 1월 8일, 미야자와 기이치 일본 총리의 대한민국 방문을 앞두고 정대협은 서울시 종로구 중학동 일본대사관 앞에서 일본군 '위안부'문제 해결을 위한 정기 수요시위를 시작했다. 권력자들은 '위안부'라는 타이틀을 전면에 세우고 얼마나 더 거리에 서겠냐며 곧 없어지리라 생각했지만 착오였다. 할머니들의 외침과 행진은 25년째 계속됐다. 24년째 되던 1212차 시위(2016년 1월 6일)엔 16개국 42개 도시의 시민들이 함께 행동했다. 단일 주제로 개최된 집회로는 세계 최장 기간 집회 기록을 가지고 있으며 이 기록은 매주 갱신되고 있다.

19. 기림비와 평화비, 누가 왜 세우기 시작했나요?

최초의 일본군 '위안부' 기림비는 2010년 10월 23일 미국 뉴저지 주의 팰리세이즈파크 공립도서관에 세워졌다. 일본 극우세력에게 말뚝 테러를 당하기도 한 이 기림비는 '위안부' 이슈가 미 전역으로 확산되는 데 큰 공헌을 했다. 이후 미 전역에 기림비가 세워졌는데, 특히 뉴저지 주 버겐카운티에 세워진 기림비는 버겐카운티 정부가 직접 주도해 세운 것.

한편 평화비(평화의소녀상 또는 소녀상)는 일본군 '위안부' 문제 해결을 위한 수요시위 1000회를 맞은 2011년 12월 14일 서울 종로구 일본대사관 앞에 처음 세워졌다. 국내외에 30여 개가 있으며 지역마다 조금씩 다른 모습을 하고 있다. 모두 아픈 역사를 기억해 다시는 이와 같은 비극이 일어나지 않고, 또 지금도 자행되는 여성폭력이 중단되기를 바라며, 인권과 평화를 염원하는 의미를 담고 있다.

2015년 타결된 한일 협상에는 대사관 앞 소녀상 문제에 대한 해결을 요구하는 내용이 있었다. 이에 평화비 철거를 전제로 돈을 받았다는 비난이 일자, 박근혜 정부는 사실과 다른 보도 자제를 부탁한다고 했다. 그러나 2016년 말, 일본 정부는 소녀상 철거를 요구하며 나가미네 야스마사 주한 대사를 일시 귀국시켰다.

기림비와 평화비를 철거하려는 일본의 움직임은 지금도 계속되고 있으며, 이는 연일 비판의 대상이 되고 있다.

20. 이 문제를 해결하기 위해 할 수 있는 일은 무엇인가요?

우선 수요시위에 참여해보자. 매주 수요일 정오에 주한 일본대사관 앞 평화로에서 열리며, 사전 참가신청 없이 참여 가능하다. 자유발언은 현장에서 스태프에게 신청 가능하며, 그 외 주최나 공연 등은 미리 정대협에 연락하면 된다.

나눔의 집을 방문해보는 것도 좋다. 나눔의 집은 할머니들의 안식처이자 인권 박물관이기도 하다. 홈페이지에서 사전 신청 후 방문 가능하다. 봉사와 후원으로 이어지면 더욱 좋다.

서울의 전쟁과여성인권박물관, 대구의 희움 일본군 '위안부'역사관 등 박물관에 가보는 것은 어떨까? 직접 방문이 어렵다면 온라인 박물관인 일본군 '위안부' 피해자 e-역사관(http://www.hermuseum.go.kr/)에 접속해보면 좋겠다.

사회적 기업의 물건을 구매하는 것도 좋은 방법이다. 마리몬드, 희움, 애니휴먼, 비위드 등의 업체에서 물건을 사면 일정 금액이 관련 단체에 기부된다.

무엇보다도 중요한 건 이 문제를 항상 가슴속에 가지고 있는 것이다. 하다못해 기사에 응원댓글을 달아 '나는 이 문제에 관심을 가지고 있다'라는 의사를 표명하기만 해도 큰 힘이 될 것이다.

아이캔
iCanSpeak

스피크

배우의 말과 현장 스틸컷

나문희

〈아이 캔 스피크〉는 정말 좋은 영화이고 진실하게 만든, 진짜배기 좋은 영화입니다. 이렇게 대본집으로 관객들을 다시 한 번 만난다고 생각하니 더욱 감회가 새롭네요.

처음 시나리오를 받았을 때 우리의 아픈 역사를 참 무겁지 않고 재미있게 또 희망적으로 그렸다고 생각이 들어 정말 잘 해보겠다고 마음먹었습니다. 실제로 2007년에 미국 청문회장에서 연설하신 일본군 '위안부' 피해자 할머니들의 뜻을 제대로 전달하고 싶은 마음이 너무 크더라고요. 그런데 막상 영어 연설을 준비하면서 이걸 어떻게 해야 하나, 과연 내가 할 수 있을까 겁이 나더라고요. 실제로 미국 의회에 가서 증언하신 일본군 '위안부' 피해자 할머니들께 누가 될까 봐 죽기 살기로 준비했습니다.

이 영화를 찍기 시작하고 '위안부' 문제에 관심을 가지면서 느끼게 된 것은, 일본군 '위안부' 피해자 할머니들의 한을 풀어드리기 위해서는 거창한 일이 아닌, 우리 스스로 할 수 있는 일을 하는 것이라는 사실이었습니다. 대본집을 보시는 독자분들께서도 무언가 하고자 하는 마음이 드신다면 꼭 실천하시기 바랍니다.

사랑합니다
나문희
2017 - 9. 30

이제훈

영화가 완성되는 데 가장 중요한 역할을 한 것이 바로 탄탄한 대본인데, 이렇게 책으로 발간돼서 매우 반갑고 기쁘게 생각합니다. 소중히 오래도록 간직할 수 있는 책이라 믿어 의심치 않습니다. 이 책이 '위안부'피해자들의 아픔을 조금이나마 보듬을 수 있길, 그리고 위로가 되길 바랍니다. 또한 우리가 앞으로 어떤 태도와 방향성을 가지고 살아가야 할지 생각해볼 수 있는 계기가 되길 바랍니다.

소재가 주는 무거움이 있기에 영화를 만드는 태도와 방식에 있어서 매우 조심스럽고 신중하게 접근하려 했습니다. 남겨진 일본군 '위안부' 피해자분들의 마음을 헤아리고 위로가 되고 싶었고, 우리 역사의 아픔과 앞으로 나아가야 할 방향성에 있어서 영화를 보신 분들과 함께 공감하고, 우리의 진심이 잘 전달되길 바랐는데, 영화를 만드는 사람들이 다 같은 마음이었기에 좋은 작품이 나오지 않았나 생각이 듭니다. 김현석 감독님과 나문희 선생님, 그리고 모든 배우분들과 스태프들과 이 작품을 함께할 수 있어서 영광이었고 행복했습니다.

이제훈 2017.7

아이 캔 스피크 ♥ 사랑해주셔서 감사합니다.

박철민

의식은 영화를 보고 열리기도 하지만 영화를 찍으면서 열리기도 한다.
나의 역사의식을 활짝 열어준 〈아이 캔 스피크〉 고맙다!

이지훈

대본집이라는 것을 한 번도 받아본 적이 없어서 뭐라 해야 할지 솔직히 잘 모르겠
는데 많이 축하해야 할 일이겠죠? 그만큼 〈아이 캔 스피크〉라는 작품이 좋은 평을
받고 사랑받았다고 생각하고 저 역시 이런 좋은 작품에 배우로서 참여하게 된 걸
영광이라고 생각합니다. 〈아이 캔 스피크〉라는 작품을 할 기회가 생겨서 너무나
좋았습니다. 의미상으로도 개인적으로도 꼭 하고 싶었거든요. 감독님과 나문희 선
생님을 필두로 다른 모든 배우들에게 많은 것을 배우고 느낄 수 있는 좋은 과정이
었습니다. 모두에게 큰 감사를 드리고, 대본집 발간을 축하드립니다!

정연주

감독님, 스태프분들, 선배님들과 함께 호흡하게 돼서 영광이었습니다. 돌아보니 너무나 귀중하고 행복한 순간들이었습니다. 촬영 마치고 나서 다시 대본집이 나온 다니, 이런 경험은 처음이고, 신기합니다. 함께 호흡한 〈아이 캔 스피크〉 팀과 관객 분들, 대본집을 보고 계신 여러분 모두 사랑합니다!

아이캔 스피크 ♥
아영.
-연주-

염혜란

염혜란이 못했던 일을 진주댁을 통해 할 수 있어서 행복했고 많이 반성했습니다. 대본집 발간을 격하게 환영합니당!!!

이상희

안녕하세요. 이상희입니다. 대본집 발간을 축하합니다.

〈아이 캔 스피크〉를 만나게 되어, 함께 할 수 있게 되어, 그리고 좋은 사람들과 인연을 맺게 되어 너무 감사합니다. 오디션 때부터 대본 리딩, 촬영, 그리고 지금에 이르기까지 〈아이 캔 스피크〉에 대한 고마움과 애정은 깊어갑니다. 제가 느끼는 이 마음을 더 많은 분들과 나누고 싶은 바람입니다. 대본집이 그 통로가 됐으면 합니다.

〈쎄시봉〉에서의 짧은 연을 붙들어 지금의 인연을 만들어주신 김현석 감독님, 고맙습니다. '아름다운 배우' 라는 수식어가 너무나 어울리는 나문희 선생님을 뵈어서, 그리고 함께 할 수 있어서 좋았습니다. 현장에서의 선생님을 보며 깨닫는 바가 많았습니다. 앞으로 나아갈 수 있는 길잡이가 되기도 했고요.

마음을 말이나 글로 표현하는 게 서툰 저는 글을 쓰는 지금도 안절부절못합니다. 다 담을 수가 없음을 알기에… 현장의 분위기도 몽글몽글 따뜻했는데, 지금은 왜인지 잘 모르겠지만 더욱 깊어진 것 같아요. 아마도 영화의 힘 때문이겠지요. 진주댁만큼이나 정 많고 여린 염혜란 선배님, 현장에서 제가 늘 쫓아다녔던 빡빡이 김일웅 선배님, 시장 분위기를 극이 아닌 리얼로 채워주신 봉원시장 상인 선배님들, 이런 모습이 있었나 하고 놀라게 해준 8급 아영의 정연주 씨, 캐릭터인지 현실인지 가끔 헷갈릴 만큼 유쾌하신 박철민 선배님, 그리고 참 젠틀맨 이지훈 선배님, 맑디맑은 유빈 씨, 제가 예전부터 팬이었던 〈아이 캔 스피크〉의 든든한 버팀목인 이제훈 씨, 제가 만나 뵙지는 못했지만 이 영화를 채워주신 많은 선배님들, 동료 배우님들, 그리고 스태프 여러분들께 고마움을 전하고 싶습니다. 함께했던 분들께 기쁨인 의미 있는 영화이길, 그리고 저라는 사람이었기를 바라며 이만 인사를 드립니다.

〈아이 캔 스피크〉 많이 사랑합니다.

고맙습니다.

아이캔 스피크
족발집 혜정역
이상희
2017. 9. 30

성유빈

〈아이 캔 스피크〉에서 영재 역을 맡아 옥분과 민재 사이를 이어주는 영재 역할을
할 수 있어서 큰 영광이었고 기뻤고, 촬영 내내 행복하게 촬영했습니다. 의미 있
는 영화인 만큼 제게도 의미 있는 영화가 된 것 같습니다. 스태프 분들은 물론, 배
우분들 모두 많이 도와주셔서 정말 소중한 기억으로 남을 영화였습니다. 도와주신
모든 분들과, 이렇게 소중히 만들어진 영화를 관람해주신 관객분들께 감사의 말씀
을 드리고 싶습니다.

뜻 깊은 영화인 만큼, 대본집으로 발간된다는 것은 큰 의미가 있는 것 같습니다.
오래오래 남아 많은 분들이 볼 수 있었으면 좋겠습니다. 대본집을 읽으시는 독자
분들도 같은 마음일 것이라고 생각합니다. 〈아이 캔 스피크〉 대본집을 선택해주신
독자분들에게 감사드립니다!

생생한 미공개 현장 사진 모음

iCanSpeak